어설픈 모자의
좀 모자란
터키여행

어설픈 모자의 좀 모자란 터키여행

초판 1쇄 발행 2016년 5월 2일

지은이 김정희
발행인 송현옥
편집인 옥기종
펴낸곳 도서출판 더블:엔
출판등록 2011년 3월 16일 제2011-000014호

주소 서울시 강서구 마곡서1로 132, 301-901
전화 070_4306_9802
팩스 0505_137_7474
이메일 double_en@naver.com

ISBN 978-89-98294-23-6 (14980)
   978-89-98294-22-9 (세트)

※ 이 책은 저작권법에 따라 보호받는 저작물이므로 무단전재와 무단복제를 금지하며, 이 책 내용의 전부 또는 일부를 이용하려면 반드시 저작권자와 더블:엔의 서면동의를 받아야 합니다.
※ 이 도서의 국립중앙도서관 출판시도서목록(CIP)은 서지정보유통지원시스템 홈페이지(http://seoji.nl.go.kr)와 국가자료공동목록시스템(http://www.nl.go.kr/kolisnet)에서 이용하실 수 있습니다. (CIP제어번호: CIP2016009006)
※ 잘못된 책은 바꾸어 드립니다.
※ 책값은 뒤표지에 있습니다.

도서출판 더블:엔은 독자 여러분의 원고 투고를 환영합니다. '열정과 즐거움이 넘치는 책' 으로 엮고자 하는 아이디어 또는 원고가 있으신 분은 이메일 double_en@naver.com으로 출간의도와 원고 일부, 연락처 등을 보내주세요. 즐거운 마음으로 기다리고 있겠습니다.

어설픈 모자의 좀 모자란 터키여행

하루도 그냥 넘어가는 법이 없는 여행초보 母子의
불편하고 힘들어도 유쾌하게! 티격태격 여행기

글♥사진 김정희

더블:엔

editor's note

저는 김정희 씨의 팬입니다. 원고를 읽으며 신이 나고, 교정을 보며 끝이 보이는 게 아쉽고, 다음 책이 또 기다려지는 걸 보면 광팬 수준이랄 수 있네요. 이 유쾌하고 신나는 기운이 독자분들께도 전해지면 참 좋겠습니다.
살짝 소심하면서도 섬세한 성격이 나랑 비슷한 것 같아 위안이 되고, 능숙하지 못한 영어와 아껴야 한다는 신념을 갖고 엄마와 함께 여행을 하는 모습을 보며 정말 대리만족과 대리여행을 합니다. 게다가 이번 여행지는 '터키'입니다. 편집장이 너무도 좋아하는 터키입니다. 종교적인 문제와 분쟁으로 무서운 사건들이 한 번씩 일어나기는 하지만, 매력적인 이스탄불과 외계인이 살고 있을 것만 같은 신비로운 풍경 그 자체인 카파도키아, 넓은 대지 가득 풍요로운 올리브나무와 눈 돌리면 보이는 그림같은 하늘... 터키는 어떻게든 한 번은 다녀와야 할 나라라고 생각합니다.
이 멋진 터키를 불혹이 가까운 아들이 엄마와 함께 다녀왔습니다.

아무데서나 자도 괜찮다고 하셨지만 실제상황에서는 2인실을 원하시고, 여행자의 로망 '현지인의 초대'를 예의상 진심으로 단칼에 거절하시고, 아들과 맘이 안 맞아 티격태격하시다가도 체리 한 알에 기분 싹 풀리시는, 귀여운 어머님!

보통땐 별일 아닌 것도 불안해하시던 어머니가, 카파도키아에서 사프란볼루로 가는 야간버스가 30분이 넘도록 오지 않을 때 표를 잘못 끊은 건 아닌지 불안해하는 아들에게 이렇게 말씀하십니다.

"니를 이자뿟으면 몰라도, 니랑 같이 있는데 뭐 걱정이고... 차 안 오면 내일 가면 되지."

앙~ 뭉클해집니다.

엄마와 함께하는 여행은 혼자 하는 여행이나 친구들과 떠난 여행에 비해 신경쓸 것도 많고 누리지 못하는 것도 많으며 심지어 잔소리도 감수해야 합니다. 하지만 일상에서 느끼지 못하고 미처 깨닫지 못했던 많은 감사한 마음과 감동, 사랑을 가슴에 담고 돌아올 수 있게 되는 것 같습니다. 게다가 여기는 터키니까요~^^

한 편의 시트콤을 보는 듯, 터키의 풍경을 감상하는 재미를 독자분들과 함께 나누고 싶습니다.

내가
세계일주
시켜줄게

．
．

1972년 어느 봄날, 제주도에서 막 떠오른 비행기 안에서 아버지는 약속하셨다. 스물셋 그리고 스물여덟. 꽃다운 나이에 백년가약을 맺고 이제 막 신혼여행을 다녀오는 참이었다. 그렇게 맺은 약속은 백년이 절반도 지나기 전 아버지의 갑작스런 사고로 더 이상 지켜질 수 없게 되었다.

．
．

그리고
그 약속은
내 몫이 되어버렸다.
어째서!!!

prologue

　　　　　내 인생에서 여행과의 인연은 없을 줄 알았다. 여행기는 읽어본 적도 없고, TV 여행채널은 해변의 비키니 미녀들이 나오지 않는 이상 곧바로 변경되었다. 나는 여행이라는 것에 딱히 관심이 없었다.

애써 첫 여행에 대한 기억을 떠올려 보자면, 1999년 어느 여름날... 대학교 친구들과 자전거를 끌고 떠난 제주도 여행이 시작이었다. 때마침 들이닥친 제5호 태풍 닐과 함께한 여행은 개고생의 연속이었고 그 와중에 나의 활약(?)으로 친구는 두 번이나 요단강을 건널 뻔했다. 아무런 준비 없이 자전거 왕초보의 몸으로 덤볐다가 극한의 고난을 겪은 후 몇 년간 자전거에 빠져 살게 되었다.

두 번째는 2006년 여름, 역시나 같은 친구들과 일본을 다녀왔다. 자유여행이긴 했으나 5일간의 짧은 일정과 현지 유학중이던 친구 뒤만 따라다니는 여행이었기 때문에 재미는 있었지만 여전히 여행에 흥미를 느끼지는 못했다. 다만 친구가 빌려온 꽤 괜찮은 카메라를 내가 담당했었는데 사진에 문외한이었던 탓에 폐기 수준의 사진들만 잔뜩 담아왔던 것은 이후 사진을 배워야겠다는 목표를 심어준 좋은 계기가 되었다.

그리고 2012년…

가족끼리 식사를 하다가 무심하게 대답했던 말 한마디 때문에 떠나게 된 3개월간의 유럽여행은 내 일상에 꽤나 큰 변화를 주었다. 재미 삼아 블로그에 올리던 여행기가 책으로 출간이 되었고 신문, 라디오 등의 미디어에 출연하게 된 것이다. 딱히 열심히 살지는 않았는데 감사한 일들이 벌어지니 사람 인생 참 알다가도 모를 일이다. 그리고 그때부터 나의 관심사는 자연스럽게 여행으로 바뀌어갔다.

여행을 다녀와서 여행기 올리느라 정신없던 어느 날 밤. 나를 부르는 엄마의 다급한 목소리에 거실로 나가봤더니 엄마는 여행상품을 소개하는 홈쇼핑을 가리키고 계셨다. TV 화면 속에는 웅장한 앙코르와트와 함께 캄보디아 상품이 소개되고 있었다. 갑자기 앙코르와트에 꽂힌 엄마는 새로 직장을 구하면 당분간 여행 가고 싶어도 못갈 텐데 이참에 잠깐 다녀오자며 나를 회유하기 시작하셨다.

그렇게 시작된 엄마와의 첫 여행. 여행사를 통한 패키지 관광이라 이런저런 제약이 무척 많았다. 자유여행의 맛을 알아버린 후였기 때문에 이것도 불만 저것도 불만… 시종일관 엄마와 티격태격했는데 그 모습이 다른 사람들 눈에는 참 아름답게 비춰졌나 보다.

대부분 이런 여행의 경우, 중년의 부부 또는 아줌마 친구들끼리 아니면 혼자 떠나오기 마련이다. 부모와 자식이 오더라도 모녀의 조합이 대부분이고 엄마, 아들의 조합은 좀처럼 찾아보기 힘들다.

그래서인지 엄마는 항상 다른 팀들의 부러움을 사셨고 하다못해 티격태격하는 모습마저도 부러움의 대상이 되었다.
"세상에, 요즘 세상에 누가 저렇게 엄마 모시고 여행을 다녀. 효자 났네, 효자 났어..."
엄마는 극구 부인하며 손사래를 치셨지만 입가에 번지는 미소까지 숨기지는 못하셨다.
모든 일이 그렇듯 처음 시작이 어렵지 두 번째 세 번째는 쉽기 마련이다. 그 후 엄마는 나와 함께 여행하는 것을 당연하게 생각하게 되셨고 "아이고... 내가 죽기 전에 남미는 한번 가봐야 될 텐데..." 라고 입버릇처럼 말씀하셨다.
아... 나도 가고 싶다.
하지만 자신이 없었다. 여행 책도 냈고 용기를 가지고 떠나라면서 오글거리는 인터뷰도 했지만 누가 뭐래도 나는 여행 초보. 여전히 외국인을 보면 울렁거리고 영어를 들으면 혼미해진다. 게다가 목적지가 배낭여행 끝판왕이라는 남미. 사실 남미 정도 되면 1~2주로는 턱없이 모자라고 최소 2~3개월은 가야 할 텐데 나 혼자면 몰라도 엄마가 과연 버틸 수 있을까? 힘든 건 둘째 치고 악명 높은 치안 때문에라도 쉽게 결정할 수 없었다.
그러던 어느 날, 일하던 중에 날아온 형수님의 문자 한 통. 모 항공사의 할인행사 이벤트로 터키항공권이 저렴하게 나왔다는 내용이었다.

오... 형제의 나라 터키...
남미여행을 위한 예행연습의 일환으로 터키를 다녀와 보는 것도 괜찮을 것 같았다. 너무 짧지도 길지도 않게 3주 정도 기간을 잡고 이번 기회를 통해 엄마와의 배낭여행 가능성 여부를 한번 테스트 해보기로 했다... 결과에 따라서 남미는... 흐흐흐

설레면서도 어려운 짐 꾸리기

터키지도를 펼쳐놓고 쳐다보기만 하다가 출발 1주일을 남겨놓도록 제대로 된 루트도 짜지 못했다. 엄마와 함께하는 여행이다 보니 어느 정도 속도로 움직여야 할지 짐작하기가 힘들었다.
서점을 다니며 터키 관련 서적을 뒤져봐도 추천하는 루트는 1주일, 열흘, 보름 다음에는 한 달 이상이다. 2주 동안 다녀오기에는 너무 짧은 것 같고 그렇다고 한 달간 다니기엔 엄마에게 좀 무리일 듯싶어서 3주로 정했는데 오히려 어정쩡한 기간이 되어버렸다.
터키 중서부만 돌기에는 조금 길고, 동부까지 다 보기엔 좀 모자란 어설픈 기간... 고민고민하다가 결국 꼭 봐야 할 몇 곳만 지정해놓고 그때그때 상황에 맞춰 움직이기로 했다.
터키를 여행하는 사람들이 주로 시계방향으로 이동하는데 나는 반대

방향으로 마음을 굳혔다. 5월이지만 터키의 낮은 뜨겁다고 하니 조금이라도 시원한 5월 초에 따뜻한 서쪽지방을 보고 후반으로 가면서 동쪽으로 이동하면 눈곱만큼이라도 덜 더울 것 같아서 나름 잔머리를 굴린 것인데, 날씨 어플을 통해 찾아본 터키의 서쪽 날씨는 우리가 도착하는 8일부터 전국적으로 천둥번개를 동반한 비 소식으로 가득했다. 내가 가는 곳이 다 그렇지 뭐... 평소에도 비를 몰고 다녔던 터라 이젠 새삼스럽지도 않다.

배낭여행에 있어 기본중의 기본! 짐을 최소화하라!
나는 휴대폰, 카메라, 태블릿, 외장하드 등 필수 디지털 장비들 때문에 다른 곳에서 짐을 최대한 줄여야 했다. 엄마는 터키에서 패션쇼라도 하실 기세로 옷을 챙기고 계셨다. 알록달록한 등산복부터 반팔에 긴팔 종류대로... 대형버스가 숙소 앞까지 태워다주는 팔자 좋은 관광이 아니라 들고 내리고 메고 끌고 다녀야 하는 여행이라고 몇 번을 이야기해도 좀처럼 포기하지 않으셨다. 2년 전 유럽여행 준비할 때 나를 보며 형이 느꼈을 감정들이 이제야 이해가 되었다.

"엄마, 내랑 같이 여행 댕기면 맨날 싸구려 숙소에서 자야 되는데 괜찮나?"

"괜찮다."

"게스트하우스, 도미토리 같은 데서 묵으면 화장실이나 샤워장도 공용으로 써야 되고 잘 때도 한 방에 여러 명이 같이 자고 그라는데 진짜 괜찮겠나?"
"아이고 마, 괜찮다. 어차피 잠만 잘 건데 좋은 호텔이 말라꼬 필요하노. 엄마는 고마 니가 가는 대로 찍소리 안 하고 따라댕길 테니까 걱정 말그라~."
"엄마 짐이 제일 걱정이구만. 거 옷 좀 고마 집어넣으소."
"니한테 들어달라 소리 안 하꾸마. 신경꺼라."
엄마는 그 후로도 이옷 저옷, 넣었다 뺐다 하시며 여행가방과 밀당을 하셨다. 나중에 무겁다고 낑낑대도 절대 안 들어줄 테니 알아서 하시라고 엄포를 놓고 그냥 신경을 꺼버렸다. 출발도 하기 전에 불안감이 엄습해온다.

우리... 별 일 없이 무사히 여행을 마칠 수 있을까?

prologue

차례

	10	**prologue**
이스탄불	22	어설픈 우리 여행에 어울리는 시작
	28	바가지냐 바보냐
부르사	46	비바람을 뚫고 부르사로
	50	울루자미와 이스켄데르 케밥
	59	극한 직업, 세마 수피댄스
	65	주말엔 주말르크즉 마을
이즈미르	78	현지인과의 만남
	84	에페소스 유적과 쉬린제 마을
	95	신세 좀 지자구요
	100	아쉬움을 남기고
파묵칼레	104	하얀 나라를 보았니? ♪ ♫ ♩
페티예	116	가격으로 밀당하는 나는 여행 밀당남
	127	엄마 날다!
	137	엄마 구르다!

안탈리아	152	비지떡은 싸다
	161	죽지 않는 노병
카파도키아	166	강행군
	169	가이드는 거들 뿐
	181	풍선은 사람을 싣고~
	189	위르굽 전망대에서 토요장터까지
	196	어머님 손에 디카 한 대 놔 드려야겠어요
	204	도자기 마을과 스머프 마을
	218	뜻밖의 히치하이킹
사프란볼루	228	혼돈의 7시간
	247	초고속 흑해관광
	261	하맘 체험
불가리아 소피아	278	소피아의 아침
	286	프리 소피아 투어
	296	끝날 때까지 끝난 게 아니다
	301	죽기 전에 꼭 가보라던 릴라수도원
이스탄불	318	여행도 끝나가고 체력도 끝나가고
	323	새로운 조력자
	335	프린세스 아일랜드
	342	끝날 때까지 끝난 게 아니다 2
	361	이스탄불의 잠 못 이루는 밤
	374	epilogue

Istanbul
이 스 탄 불

어설픈 우리 여행
에 어울리는 시작
비가지냐 바보냐

―

어설픈 우리 여행에
어울리는 시작

―

나는 하늘위에서 찍는 사진을 참 좋아한다. 특정 직업을 가진 이들을 제외한 일반인들이 하늘위에서 보내는 시간이 많아봤자 얼마나 많겠는가... 그래서 하늘위로 올라가면 최대한 사진을 많이 찍기 위해 노력한다. 티켓을 예매할 때에도 그 점을 감안해서 창문쪽 자리를 지정했고 날개를 피하기 위해 비행기 편명에 따라 좌석배치를 미리 알아 볼 수 있는 웹사이트까지 찾아 들어가서 좌석지정을 했다.
그럼에도 불구하고... 막상 자리에 앉아 보니 쭉 뻗은 날개가 시야를 방해하고 있었다. 나중에 알게 된 사실인데, 각 항공편을 담당하는 비행기가 1기만 있는 게 아니라 2~3기 정도 되기 때문에 정확한 모델명까지 디테일하게 찾아봐야 했었다.
어설픈 우리 여행에 어울리는 시작이다.
하지만! 어차피 새벽 1시 반 비행기였기 때문에 창가에 앉아봤자 캄캄한 밤하늘에 찍을 것은 없었을 터. 도하공항에서 환승하게 될 다음 비행기는 환한 하늘을 비행하는 만큼 사진 찍기에 별 무리가 없을 것이다.

추적추적 내리는 비가 시작부터 한숨을 불러 일으킨다. (↑)
자유로운 영혼들에게 나이는 숫자에 불과하다. (↓)

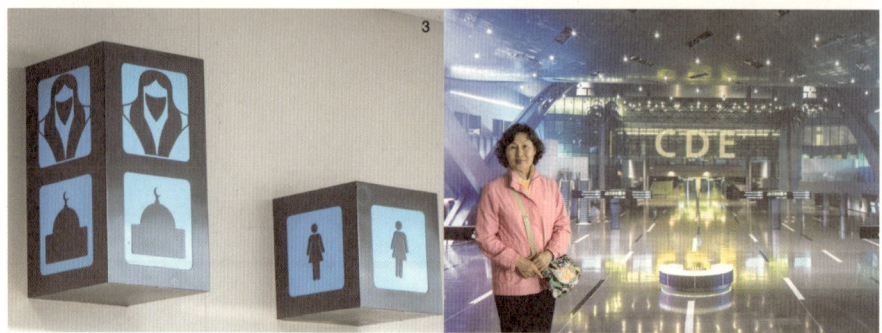

1. 비행기는 사람들을, 사람들은 비행기를 기다린다. 2. 카타르 도하 공항의 불타는 아침
3. 이슬람 국의 화장실 구별 4. 무함마드를 소환하는 비주얼

새벽 5시, 노란 아침햇살과 함께 카타르 도하공항에 도착했다. 못다 한 터키 공부를 하면서 두 시간을 더 기다린 후에 터키로 향하는 비행기에 올라탔다.

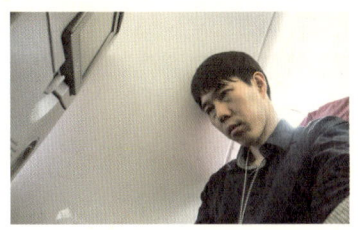

내 창문은 어디로...

이번에는 하늘을 마음껏 찍으리라 다짐하고 내 자리를 찾았으나 그곳엔 대답 없는 벽만 묵묵히 나를 기다리고 있었다. 비행기에서는 역시 취침이지. 잠이나 자자.

인천을 출발해서 19시간 만에 드디어 형제의 나라 터키땅에 발을 디뎠다. 한국에서 새벽 1시 반에 출발, 이곳은 낮 12시 반이다. 실제 19시간이 지났지만 지구의 자전 덕분에 숫자상 11시간이 지났다. 다시 한번 신비로운 자연현상에 감탄하며 입국심사대에 올랐다. 영어를 전혀 못하시는 엄마가 살짝 걱정되었지만 형제의 나라에서 온 우리를 믿는 것인지 아무런 질문 없이 통과할 수 있었다. 귀국할 때도 이곳에서 비행기를 타야 하는데 혹시라도 무슨 일이 생길지 모르므로 이스탄불에서는 오늘 하루만 묵고 여행 마지막에 제대로 이스탄불 구경을 하기로 했다. 우선은 오늘 묵을 숙소를 찾아가기 위해 두리번거리며 지하철을 찾아 나섰다.
모든 기억을 동원해 머릿속 뇌비게이션을 가동시켰으나...

공항 문을 나서자 마자
승무원들을 비롯한
수많은 항공관계자들이 내뿜는
담배연기가 공격해온다.
여성들의 흡연에도
무척이나 관대한 터키.

"경로를 이탈하였습니다."

한국에서 떠나오기 전 지하철을 타러 가는 방법을 녹색창에 넣고 검색했었음에도 불구하고 어디가 어디인지, 시골 촌놈마냥 두리번거리다가 결국 길찾기에 가장 빠른 방법인 현지인 찬스를 사용하기로 했다. 경험상 영어는 초보와 고수의 대화보다 초보와 초보간의 대화가 더 잘 통하는법! 터키사람들도 나만큼이나 영어를 못하니까 짧은 영어로도 대충 의사소통은 될 거라 생각했는데 그건 나만의 착각이었다. 이건 뭐 영어를 좀 못하는 수준이 아니라 왼쪽 오른쪽 정도의 기본 단어조차 모를 줄이야... 물론 그렇지 않은 사람들도 많겠지만 우리나라와 비교했을 때 영어문맹에 가까워 보였다. 두세 명에게 물어보다가 현지인 찬스는 포기하고 눈치껏 이정표를 따라 지하철 입구에 도착했다.

두 번째 미션! 교통카드 구입하기!

우리나라도 예전에는 현금, 토큰, 회수권 등 다양한 교통결제수단이 있었던 것처럼 터키에도 다양한 결제수단이 있다. 그 중 이스탄불 카르트(Istanbul Kart)라고 하는 교통카드가 있는데 환승할인이 가능하므로 잠깐 머무를 것이 아니라면 구입하는 게 좋다.

"뭐 사야 되는지는 아나?"

엄마는 시종일관 두리번거리고 있는 아들이 썩 믿기지 않는 듯 걱정스런 얼굴로 쳐다보신다. 교통카드 구매하는 방법 역시 녹색창을 통해 빨간줄 쫙! 그어가며 체크했던 사항인 만큼 엄마의 어깨를 살포시 다독인 후 줄 서있는 군중 속으로 뛰어들었다.

'엄마 아들이 얼마나 성장했는지 잘 지켜보세요.'

마음속으로 다짐을 하며 사람이 없는 자판기 하나를 발견하고 냉큼 자리를 잡았다. 카드판매 확인! 10리라 가격 확인! 처음이지만 능숙한 척 여유 있게 두 장을 구매했다.

"지이잉~ 지잉~." 기계가 토해낸 두 장의 카드를 손에 받아들었는데 뭔지 모를 찜찜함이 뇌리를 스친다. 카드 표면의 그림이 인터넷에서 보던 이미지랑 좀 다른 것 같다. 디자인을 다양하게 찍어내나 싶었는데 다른 사람들이 줄 서있는 옆 자판기 앞으로 가보니… 아뿔싸! 인터넷에서 보던 그 디자인이!!

개찰구 직원에게 잘못 샀다고 환불을 요청했지만 못 알아들은 것인지 아니면 못 알아들은 척하는 것인지 그저 고개만 절레절레 흔든다.

눈물을 머금고 다시 20리라
를 넣어 이스탄불 카르트를
손에 넣었다. 아, 어째서 늘
이 모양인 것인가...
헛돈 안 쓰고 잘 아껴서 알찬
여행을 하려 했건만 이스탄

이것이 오리지널 이스탄불 카르트

불에 오자마자 아낄 틈도 없이 삽질을 한다. 시작부터 이 기세로 삽질
하면 혼자서 4대강도 문제없으리... 들릴 듯 말 듯 한숨 쉬는 엄마를
모시고 지하철에 올랐다.

―

바가지냐
바보냐
―

터키에 온 첫날인 데다 자유여행은 처음이신 엄마를 배려하는 차원
에서 첫 숙소는 2인실로 예약했다. 이스탄불의 대표적 관광지인 술탄
아흐멧 지구에 숙소들이 많이 밀집해 있기는 하지만 사람들이 너무
몰려 있으면 그만큼 시끄럽고 문제도 많지 않을까 하는 껄끄러움에
한 정거장 전에 위치한 곳에 숙소를 잡았다. 체크인을 하고 열쇠를 받

았는데 하필 제일 꼭대기인 3층이다. 문제는 날 기다렸다는 듯 고장 나 있는 엘리베이터… 숙소 한쪽은 보수 공사인지 리모델링인지 수시로 인부들이 왔다갔다 하며 먼지를 폴폴… 뭐 이런데를 골랐냐는 눈빛으로 쳐다보는 엄마의 시선을 피해 짐을 날랐다.

하루하루 지날수록 숙소 시설이 점점 나빠지면 기분도 같이 다운될 텐데 그래도 첫 숙소가 별로라 오히려 다행이라고 애써 자위하며 긍정적으로 생각하기로 했다. 여행 마지막에 이스탄불을 제대로 보겠지만 남는 시간에 미리 한두 곳 먼저 봐두자 싶어 샤워만 간단하게 하고 숙소를 나섰다. 제일 먼저 찾아간 곳은 이스탄불의 대표적 랜드마크인 '블루모스크(Blue Mosque).'

술탄 아흐멧 자미 (Sultan Ahmet Camii). '술탄' 은 제국을 통치하던 자의 칭호,
'아흐멧' 은 건축을 명령한 술탄의 이름이며 '자미' 는 사원이라는 뜻이다.
건물 내부 인테리어가 대부분 푸른빛을 띠고 있어서 '블루모스크' 라는 이름으로 더 유명하다.
워낙 웅장한 규모라 일반 화각의 카메라로는 한 화면에 모두 담을 수가 없다.

블루모스크는 6개의 첨탑으로도 유명하다. 원래는 이슬람의 성지, 메카에 있는 카바신전만이 6개의 첨탑을 갖고 있었다고 한다. 술탄 아흐멧 1세가 블루모스크의 건축을 지시할 때 첨탑들을 금(알튼, altın)으로 만들라고 명령했는데 건축가가 6(알트, altı)으로 알아듣고 첨탑을 6개로 만들었다는 설이 있다. 이 소식을 듣고 술탄은 화가 났지만 의외로 잘 빠진 디자인에 딴소리 안 하고 넘어갔다고... 또 한편에서는 건축가가 자신의 예술적 욕망을 위해 일부러 금을 6으로 착각한 척했다는 이야기도 있다. 어쨌거나 이러한 에피소드 덕분에 본의 아니게 6개의 첨탑을 갖게 되어 메카의 그것과 맞먹게 된 블루모스크.

대표 건물인 만큼 어마어마한 규모에 연신 감탄하시며 엄마는 상기된 얼굴로 신나게 돌아다니셨다. 지금 엄마에게는 세상 모든 것이 신기해 보이는 듯 '이것 봐라~ 저것 봐라~' 하며 손짓하셨다. 저렇게나 좋아하시다니... 엄마의 즐거운 모습에 괜히 흐뭇해진다.

모스크 입구에는 몇 가지 제약이 있다. 모든 이슬람 사원에 공통으로 적용되는데 우선 짧은 치마나 반바지 같은 노출이 심한 복장이 제한되며 여성의 경우 무조건 머리에 히잡을 써야 한다. 신발도 벗고 들어가야 한다. 엄마는 입구에서 나눠주는 히잡 대신 집에서 가져온 작은 손수건을 덮어쓰고 감기조심 아줌마가 되어 입장을 했다.

블루모스크! 이름에서 풍기는 블루블루한 이미지 때문에 온통 푸른 빛이 블링블링 빛날 것이라 예상했건만 실제 건물 내부에 푸른색은

블루모스크의 푸르스름한 내부 인테리어

남자들은 앞쪽에서 기도할 수 있지만 여자들은 뒤쪽에 마련된 여성전용 공간에서 기도해야 한다.

많이 보이지 않았다. 전반적으로 푸른빛이 은은하게 감돌고 있긴 했지만 블루모스크라는 이름이 아까울 정도였다.

생존을 걱정하며 떠나온 탓에 숙소나 교통, 위치 등은 그나마 미리 검색을 했지만 정작 유적에 관해서는 제대로 공부하지 못했다. 머리가 나쁘면 손발이 고생한다는데 공부를 안 해오니 눈알만 고생하게 생겼다. 그때 저 멀리서 눈에 들어오는 익숙한 장면... 때마침 한국인 단체 관람객들이 블루모스크의 푸른 빛을 비웃듯 알록달록 화려한 아웃도어의 향연을 펼치고 있었다. 팀 가이드가 고객들에게 열심히 이야기하는 모습을 보고 엄마를 불러 근처에 섰다. 돈도 안 내고 가이드의 설명을 들었으니 예의에 어긋나겠지만 어쩌겠는가! 가만히 서 있어도 들려오는 것을! 우린 그저 그곳에 서 있고 싶었을 뿐! 후훗...
"꽃보다 ㅇㅇ" 시리즈의 영향으로 터키를 여행하는 한국인도 꽤 많아졌고 워낙 유명한 곳이다 보니 아시아 관광객이 그리 낯설지 않을 텐데 이곳 아이들 눈에는 여전히 우리가 신기한가 보다. 앳된 얼굴의 소녀들이 카메라를 들고 쭈뼛대며 다가왔다. 허 참, 이 얼굴이 또 터키에서 먹힐 줄이야... 흐뭇한 마음으로 사진을 허락했더니 카메라를 나에게 넘기며 엄마 옆으로 찰싹 붙는다. 내가 아닌 엄마였구나...
"자들 눈에는 내가 좀 이상해 보이나? 딸래미들이 총각이랑 찍을 생각은 안 하고 왜 자꾸 날더러 같이 찍자고 난리고?"
내가 실망감에 고개를 떨굴 때 정작 기분 좋아야 할 엄마는 혼란스러워 하셨다.

블루모스크를 뒤로하고 발길 가는 대로 걷기 시작했다. 워낙 사람도 많고 차도 많은 곳이라 행여나 놓칠 새라 엄마 손을 꼭 잡았다. 유년 시절로 돌아간 듯 엄마 손을 잡고 낯선 길을 걷는 것도 그리 나쁘지 않았다. 한국에서 이러고 다녔으면 마마보이 소리를 들었으려나... 이곳의 많은 외국인들은 이 모습을 어떻게 생각할지 괜스레 궁금해

진다. 엄마 손을 잡고 걸어가던 중 갑자기 엄마가 내 손을 당기시며 어디론가 끌고 가셨다.
"꽃보다 거기서 가들 사 먹던 게 이거 맞제?"

군밤이었다. TV에서 보던 것이 눈앞에 있으니 어느새 엄마는 김자옥 씨로 빙의했고 이승기 보듯 날 바라보며 군밤 사달라고 팔을 잡아 흔드셨다. TV가 아이만 버려놓은 것은 아니다.

"별 맛은 없다, 그쟈?"

"군밤이 군밤이지 뭐 꿀이라도 발라놨을줄 알았나..."

군데군데 새카맣게 타버린 군밤을 엄마 하나 나 하나 주고받으며 걷다 보니 수백 년간 터키 왕들의 궁전이었던 톱카프 궁전 앞에서 길이 막혔다. 시계바늘은 5시를 가리키고 있었다. 입장료를 내고 들어가도 제대로 돌아보지 못할 것 같아서 나중에 다시 오기로 하고 발걸음을 돌렸다.

톱카프 궁전 입구

관람을 마친 사람들이 우르르 몰려나오고 있었는데 아시아인이 상당히 많다. 물론 중국인이 가장 많지만 한국인도 만만찮게 많다. 가까이

1. 미용실 같은 공중전화 2. 우리 숙소를 보다가 알록달록 예쁜 숙소들을 보니 내가 왜 하필 그런 곳을 골랐을까, 하는 후회가 몰려온다.

서 소리를 들어봐야 알 수 있는 중국인과 달리 저 멀리서 패션스타일만 봐도 알 수 있는 한국인… ㅎㅎ

그 무리에 섞여 걸어가던 중 길가에서 장난치고 노는 꼬꼬마 셋이 눈에 확 들어왔다. 큼지막한 눈망울, 짙은 눈썹, 뽀얀 피부까지… "어머 저건 찍어야 해!" 냉큼 카메라를 꺼내고 싶었지만 바로 옆에 아빠로 보이는 남자가 전화통화를 하며 서 있어서 차마 그러지 못했다. 여행지에서 인물 사진을 찍을 때는 멀리 떨어진 상태에서야 그 사람이 모르게 도촬을 할 때도 있지만 근거리에서 카메라를 들이대고 찍어야 할 때는 되도록이면 허락을 받고 찍어야 한다. 그런데, 그 순간 내 앞에 걸어가던 한국인 아저씨 한 명이 득달같이 달려들어 아이들 앞에서 마구마구 사진을 찍어대기 시작했다. 너무 대놓고 눈앞에서 셔터를 누르는 패기에 오히려 내가 놀라고 민망해서 긴장을 했다. 한국이었다면 당장 싸움이 벌어졌으리라. 그런데 아빠인줄 알았던 남자는 힐끗 쳐다보더니 계속 전화통화만 했다. 이런, 애들 아빠가 아니었던가...? 이번엔 진짜 엄마로 보이는 여성이 아이들에게 다가왔고 한국인 아저씨는 실컷 사진을 찍고는 유유히 사라졌다.
'아! 나도 찍고 싶다!!! 천진난만하게 웃고 떠드는 아이들의 자연스러운 모습!!!'
그래서 애들 엄마에게 사진 좀 찍어도 되냐고 조심스럽게 제스처를 취했다. 아줌마는 흔쾌히 허락을 해주셨고 나는 곧장 뷰파인더에 눈을 맞추고 아이들의 노는 모습을 찾아다녔다.
"!@%$#@#$!#$"

차렷!

갑자기 소리지르는 아줌마의 목소리에 내가 뭐 실수라도 했나 싶어 돌아보니 내가 아닌 아이들에게 하는 소리였다. 터키어라 내용은 알 수 없었지만 대충 상상으로 번역해본다면...
"얘들아, 여기 사진 찍는다. 그만하고 이리 와, 저기 봐 저기!"
아줌마는 자연스럽게 놀던 아이들을 차렷! 시켜버렸다.

그 상황에서 다시 자연스러운 상황을 연출하기도 뭐해서 눈물을 삼키며 돌아서야 했다.
카메라를 들고 거리를 다닐 때마다 인물 사진의 딜레마에 빠지게 된다. 촬영이 먼저인지, 허락이 먼저인지 그것이 문제로다.

세계에서 가장 크고 오래된 시장, 그랜드 바자르(Grand Bazaar)에 도착했다. 시작은 작은 석공들의 실내시장이었지만 상인들이 궂은 날씨에도 장사를 계속 할 수 있도록 지붕을 만들고 또 만들다가 현재의 규모로 발전하게 되었다고 한다.
낯선 이국땅에서 한국말을 하며 다가오는 현지 상인들이 어쩐지 기특하고 신기하여 팔아줄 법도 하지만 이곳에서는 한두 명이 아니었다. 어리숙해 보이는 두 아시아인을 발견한 상인들은 정신을 못 차리도록 서툰 한국어를 남발하며 상점 안으로 끌어들였다. 애초에 구경만 하고 쇼핑은 여행이 끝날 때 하기로 생각하고 있었지만 그래도 거대한 규모만큼 다양한 물건들이 있을 테니 시간을 두고 찬찬히 구경하고 싶었으나 부담스러운 호객에 식은땀만 흘리며 정신없이 방황하다 빠져나왔다.
세계 최대라는 수식어에 걸맞게 시장 내부는 무진장 넓고 미로처럼 복잡해서 멍하니 다니다가는 길을 잃어버리기 딱 좋아 보인다. 수많은 상점들이 잔뜩 몰려 난장판 같아 보이지만 이 거대한 시장은 의외

카팔르 차르쉬 (Kapali Carşı) / 그랜드 바자르(Grand Bazaar).
'지붕이 있는 시장' 이라는 뜻의 카팔르 차르쉬.
관광객들에게는 그랜드 바자르로 통한다.

로 잘 계획된 복합건물이다. 시장 내부 바닥을 보면 약간 경사가 져 있는데 길을 잃어버렸을 경우 무조건 위로, 혹은 아래로 따라가면 출구가 나온다고 해서 엄마와 함께 아래로 아래로 내리막을 찾아갔더니 정말 밖으로 이어졌다. 그런데 이런 출구가 약 20개나 있다고 하니 결국 내가 어디 있는지 정확히 알 수 없는 것은 똑같다.

하지만 손안에서 펼쳐지는 스마트 세상~. 미리 받아둔 지도 앱을 이용해 별 어려움 없이 길을 찾을 수 있었다. 첫날이기도 했고, 이스탄불은 나중에 다시 보면 된다는 생각도 있었고, 아무튼 빨리빨리 뭘 봐야겠다는 조급함 없이 거리 구경을 하며 천천히 숙소로 향했다.

숙소에 들어가기 전에 저녁을 먹기로 했다. 딱히 맛집이나 꼭 가볼 만한 식당 같은 걸 파악해두지 않았던지라, 그냥 숙소에서 가까운 식당으로 들어갔다. 메뉴판을 보니 한국 물가와 비교해서 크게 비싸지는 않았지만 예상했던 터키 물가보다는 살짝 비쌌다. 서울처럼 대도시의 핸디캡이라 생각하고 부담 없이 두 종류의 케밥만 주문하기로 했다. 첫 식사 주문인 만큼 촌놈 티내지 않으려고 다른 테이블을 컨닝해가며 메뉴판을 살피는데 주인이 뚜벅뚜벅 다가와서는 부탁하지도 않은 부연설명을 늘어놓기 시작했다. 메뉴판 제일 밑에 있던 '케밥 MIX'를 가리키며 블라블라~. 영어로 읊어댔기 때문에 귀를 쫑긋 세워 해석에 몰두한 나는 "다양한 종류의 케밥을 맛볼 수 있으며 둘이서 먹으면 좋다!" 라는 결론을 냈다. 장사꾼 아니랄까봐 역시 제일 비싼 음식을 추천하는군... 다른 케밥들이 주로 12~15리였는데 이 '케밥 MIX'라는 놈은 26리였다. 내 얼굴만 빤히 쳐다보는 엄마에게 대충 설명을 해드렸더니 그럼 그거 먹자고 하신다. 터미널과 관광지에서 이런 모둠스타일 음식을 먹으면 백전백패한다는 것을 혀로 배워왔기 때문에 엄마를 말리면서 계속 메뉴판을 스캔했다.
"빨리 시키라. 우리 때문에 옆에서 계속 기다리잖아."
"그렇다고 아무거나 막 시킬 수는 없잖아."
주인은 내가 메뉴판을 보고 있는 내내 자리를 떠나지 않고 계속 옆에서 부담부담하게 서있었다. 온몸에서 뿜어져 나오는 부담스러운 기운에 심리적 압박감을 느끼신 엄마는 급기야 버럭하신다.
"아이고 마! 크게 돈 차이도 안 나는구만 아까 그거 그냥 시키라!!"
네네... 엄마 소원이라면 그렇게 해 드려야지요...
손가락으로 '케밥MIX'를 가리키며 주인아저씨에게 메뉴판을 넘겼다. 식사 전 서비스로 나오는 큰 공갈빵 라바쉬(Lavaş)를 뜯어먹으며 15분 정도 기다리자 둥글고 큰 접시에 한가득 음식이 나왔다. 대략 6~7가지 메뉴가 그릇 하나에 담겨 나왔는데 다 먹을 수 있을지 걱정될 만큼 푸짐했고 결국 음식을 남기고야 말았다. 사실 양보다는 맛 때문이었다. 전체적으로 고기가 너무 짜서 혓바닥이 고문당하는 느낌이 들었다. 그래도 첫 끼인데 버릴 수도 없고 라바쉬에 같이 싸 먹으며 겨우겨우 식사를 마치고 나니 주인이 차이를 한 잔씩 내온다. 옆

테이블에서 차이를 따로 주문하는 것을 봤기 때문에 유료인줄 알았는데 우리에겐 서비스라고...

오늘 하루 구경도 잘 했고 맛은 없었지만 배도 부르니 슬슬 숙소로 들어가기로 하고 계산대에 가서 빳빳한 지폐를 꺼내 들었다. 한 장 두 장 세 장, 26리라를 세어 건넸고, 돈을 받아 든 주인은 빙긋 웃으며 말했다.

"52리라입니다, 손님."

"엥? 아니 이보시게 주인장, 분명 26리라짜리 그걸로 두 명 먹을 수 있다고 하지 않았나? 설마 내가 그걸 2개 시켰다고 생각한 거야? 지금 나랑 장난하는 거야? 다른 메뉴보다 가격이 두 배면 당연히 2인분 요리로 생각하는 것이 정상 아닌가?" 라고 전두엽에서 지시했지만 비루한 혓바닥 끝에서는 "2펄슨 26리라..." 라는 말만 버퍼링되고 있었다. 52리라면... 한화 약 26,000원.

숙소에서 좀 쉬다가 야경이나 볼까 했던 계획은 급격한 기분 저하로 인해 모두 취소했다. 식사 전까지는 별로 피곤하다는 생각을 못했었는데 기나긴 비행과 하루 종일 돌아다니며 쌓였던 피로가 바가지를 썼다는 울분과 함께 갑자기 쓰나미처럼 몰려왔다. 엄마는 곧장 꿈나라행 열차에 탑승하셨지만 나는 그럴 수가 없었다. 내일을 위해 준비할 것이 많았기에 어두운 방안에서 조용히 PC를 켰다. 3층이라 와이파이 신호도 잘 안 잡힌다. 무엇 하나 도와주는 것이 없구나...

Bursa
부 르 사

비바람을 뚫고 부르사로 | 울루자미와 이스켄데르 케밥 | 극한 직업, 세마 수피댄스 | 주말엔 주말르크즉 마을

—
비바람을 뚫고
부르사로
—

터키 땅에서 맞이하는 첫 아침.
커튼 사이로 따스한 아침햇살이 내리쬐는… 상쾌함은 찾아볼 수 없고 우중충한 하늘, 드문드문 떨어지는 빗방울, 찌뿌둥한 육신 그리고 무너지는 멘탈로 아침을 맞이했다. 오늘의 이동 경로는 예니카프 항구로 가서 페리를 타고 바다 건너 얄로바에 도착한 후 다시 버스를 타고 부르사로 갈 예정이다. 새벽까지 잠을 미뤄가며 경로를 짰는데 비가 오다니… 하지만 내일 저녁까지는 이즈미르에 가야 하므로 일정

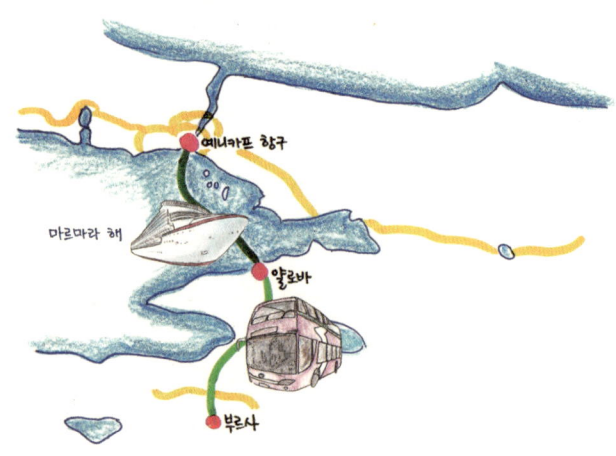

을 미룰 수는 없었다.

 원래는 아침식사를 하고 9시에 문을 여는 예레바탄 사라이(지하저수조)를 구경한 후 항구로 사부작사부작 걸어가서 11시 반 페리를 탈 생각이었지만 온라인으로 페리를 예약하는 과정에서 계속 오류가 났다. 이 카드, 저 카드, 엄마 카드 다 해봤지만 알 수 없는 실패만 늘어날 뿐 결국 직접 가서 사는 걸로...

비 때문에 지하저수조 관람은 포기하고 곧장 항구로 향했다. 숙소에서 항구까지는 약 2km 정도. 지도 보고 골목골목 찾아가는 시간과 엄마 걸음을 고려해도 3~40분이면 충분할 것 같았다.

그런데 숙소를 떠날 때만 해도 듬성듬성 내리던 비가 출발하고 5분쯤 지나자 빗방울이 점점 굵어지기 시작했다. 날씨가 좋았다면 두리번두리번 구경하며 시간가는 줄 모르고 걸었겠지만 주륵주륵 비와 함께 걷는 2km는 예상보다 훨씬 멀게 느껴졌다.

절반 정도 갔을 때 문득 뒤를 돌아보니 엄마는 바람에 날아갈까 우산을 꼭 쥔 채 종종걸음으로 따라오고 계셨다. 비 때문에 바닥에 놓고 끌어야 할 가방을 저 작은 어깨에 짊어지고 걸어오는 엄마를 보니 갑자기 울컥하면서 마음 한구석이 아려왔다.

아... 아침에 비 오는 것을 확인했을 때 바로 일정을 수정해서 오늘 하루 숙소에서 조용히 지냈어야 했나? 괜히 내 욕심에 여행 시작하자마자 엄마를 혹사시키는 불효자가 된 것 같아 계속 마음이 불편했다.

멀어지는 블루모스크를 보며 다시 올 것을 약속!

비에 젖은 초췌한 몰골로 항구에 도착했다. 보안검색대를 통과한 후 온라인보다 비싼 가격으로 티켓을 구매하고 페리에 올라탔다. 여행을 떠나기 불과 한 달 전 전국을 충격에 빠뜨렸던 세월호 참사 때문에 괜스레 배를 타는 것이 조심스러웠지만 한 시간 반 후 별 탈 없이 얄로바에 도착했다. 내리자마자 선착장 바로 옆에 있는 오토갈(우리나라의 고속터미널로 생각하면 되겠다)에서 버스를 타고 다시 한 시간을 달려 목적지인 부르사로 향했다. 비는 여전히 그칠 생각을 않고 부르사까지 쫓아와 우리를 물고 늘어진다.

부르사 오토갈에서 시내버스를 타고 시내에 있는 숙소까지 이동해야 하는데, 추적추적 내리는 비를 맞으며 버스를 기다리고 있자니 왜 이

1. 끈질기게 따라붙는 비
2. 터키는 우리나라의 약 8배에 달하는 큰 영토를 가지고 있다 보니 비행기가 아닌 이상 어디 좀 멀리 간다 싶으면 10시간은 기본이다. 그래서 버스 같은 이동수단의 서비스가 잘 발달되어 있다. 버스마다 편차는 있겠지만 비행기처럼 멀티미디어 기기가 장착되어 있어 각종 영화나 TV, 음악, 게임은 물론 와이파이까지 가능하다. 또한 중간중간 물과 차, 커피 및 기타 간식거리도 제공된다.

런 멍청한 선택을 했나 싶은 후회가 밀려온다. 사실 이스탄불에서 부르사까지 조금 돌아가더라도 한 번만에 가는 버스도 있었지만 4~5시간 동안 버스에서 지루하게 보내느니 바다 구경도 하면서 시간도 절약할 셈으로 페리를 선택했었다. 하지만 어디까지나 비를 고려하지 않은 코스였고 한 번 정한 루트를 갑자기 바꿀 임기응변의 부재로 인해 축축한 길을 오게 된 것이다. 그렇다고 시간을 엄청 절약한 것도 아니고 돈은 돈대로 더 비싸게 내고 몸은 몸대로 힘들고... 바보인 듯 바보 아닌 바보 같은 스스로에게 화가 나서 엄마 얼굴도 제대로 못 쳐다보며 무거운 마음을 안고 숙소를 찾아갔다.

부르사

울루자미와
이스켄데르 케밥

과거 오스만제국의 수도였던 부르사는 터키에서 다섯 번째로 큰 도시이지만 크게 유명한 관광지가 아니어서 관광객이 거의 없다. 그래서인지 검색했을 때 저렴한 숙소는 별로 없고 대부분 호텔 뿐이라 그 중에서 그나마 저렴하고 가이드북에도 소개되어 있는 '귀네스오텔'이라는 곳으로 정했다. 간혹 인터넷 후기를 보면 이곳에서 가격을 깎아서 더 저렴하게 묵었다는 사람이 있어서 나도 흥정을 해볼까 했으나 연로하신 주인 할아버지 할머니를 보고 있자니 깎을 맘이 스르륵 사라졌다.

"그래... 몇 천원 아껴서 무슨 부귀영화를 누리겠다고. 어르신들 과자 한 봉지 사드린 셈 치지 뭐..."

비에 젖은 짐을 대충 정리하고 밖으로 나왔다. 다행히도 오전 내내 내리던 비가 우리의 시내구경에 맞춰 그쳐주었다.

제일 먼저 찾아간 곳은 부르사의 가장 대표적인 이슬람 사원 울루자미(Ulu Camii). 대부분의 자미는 중심부에 하나의 큰 돔으로 건축되는 경우가 많은데 울루자미는 20개의 작은 돔으로 이루어져 있다. 여

전망대에서 보는 울루자미

기에도 재미난 사연이 있는데 술탄 일디림 베야짓이 십자군에게 승리한 후 마케도니아 원정에 성공하면 20개의 모스크를 짓겠다고 약속했으나 막상 성공하고 나서는 이런저런 이유를 대며 20개의 지붕을 가진 모스크 하나로 퉁 쳤다고 한다. 예나 지금이나 여기나 저기나 정치인들의 말바꾸기란...

블루모스크에서와 마찬가지로 입구에서 나눠주는 히잡과 비닐신발을 착용하고 내부로 들어갔다. 울루자미의 벽면에는 아랍어로 다양한 글씨가 써 있는데 흰색은 벽이고 검은색이 글씨라는 것 밖에는 알 수가 없었다. 그도 그럴것이 벽면을 화려하게 장식한 글씨들이 그냥 글씨가 아니라 손으로 그린 글씨, 즉 캘리그라피였기 때문에 아랍어를 아는 사람들도 쉽게 읽지 못한다고 한다. 절대 내가 무식해서 그런

게 아니다.

울루자미는 다른 자미들과 차별화되는 부분이 하나 있다. 신도들이 자미에 오면 손발을 씻고 경건한 마음으로 기도를 올릴 수 있도록 수도시설이 대부분 건물 밖에 마련되어 있는데, 울루자미는 독특하게도 건물 내부에 분수가 있다.

울루자미 분수

더 재미있는 것은 분수대에 얽힌 사연이다. 울루자미를 짓기 위해 나라에서 부지를 사들이는데 저 분수대가 있는 땅의 주인이 이슬람교가 아닌 까닭에 땅 팔기를 거부했다고 한다. 말로만 듣던 알박기가 중세시대에도 있었다니!

그러나 배짱엔 배짱으로! 억지로 땅을 사려 하지 않고 그 땅 주위로 자미를 지어버렸다고 한다. 그래서 따지고 보면 저곳은 울루자미가 아닌 셈인데 결과적으로는 울루자미가 아닌 녀석이 울루자미를 대표하는 효자노릇을 하고 있는 셈이다.

인터넷에서 주워들은 이야기이므로 진실 여부는 알 수 없으나 건물이 지어진 중세시대라면 왕권이 장난 아닐 텐데 알박기가 가능할 것

인기절정 할미돌! 최 여사

같지도 않고... 뭐 믿거나 말거나지만 어쨌든 재미있는 사연이다.
유명한 관광지가 아니어서 사람도 많지 않고 조용했다. 관광객보다는 현지인들이 대부분이었으며 사원이라기보다 동네사랑방처럼 여유가 넘쳐나는 모습이었다. 자미 안의 모든 사람들이 평온한 모습이었다. 단 한 사람, 우리 엄마만 빼고...

이곳에서 아시아인을 보기가 희귀해서인지 엄마는 또다시 터키 아이들에게 둘러싸여 카메라 세례를 받으셨다. 첫날은 그러려니 하고 넘어갔는데, 엄마는 이제 진지하게 고민하시기 시작했다.

"야들이 니하고는 안 찍고 와 자꾸 늙은 할마시한테 와가 사진찍자 카노?"

"사실은 나랑 찍고 싶었는데 부끄러워서 차마 말 못하고 그냥 엄마랑 찍는 거야..."

"야들 보기에 내가 참말로 웃기게 생겼는갑다."

"아따 참 걱정 마이소. 그냥 아시아인 신기해가 그라는 거지."

"아이다. 어제도 내 말고 아시아사람 많았는데 와 내만 붙잡고 사진 찍자 카노. 이상하게 생겼거나 웃기게 생겼거나 둘 중 하나 아이가?"

골목 깊숙한 곳에서 발견!   KFC 같은 느낌

"어허... 아니라 캐도 참. 이뻐서 그칸다, 이뻐서! 우리 최 여사 하도 이뻐서 저래 쳐다보는 거라요!!"

"아이다, 웃긴 거다. 쪼글쪼글한 할마시가 이상해가 카는 거다."

"아따 참말로... 그라마 뭐 자들처럼 차도르 덮어씌우고 얼굴 다 가리고 눈만 보이구로 해가 댕길래요?"

"아니... 그냥 그렇다고..."

했던 말 또 하고, 또 하고, 아니라고 해도 또 하고...

엄마도 자꾸 나이를 드시는구나...

울루자미를 나오니 슬슬 뱃속에서 충전하라고 신호가 온다.

터키를 대표하는 음식인 케밥! 수많은 케밥 중에서 이스켄데르란 사람이 개발한 이스켄데르 케밥. 워낙 유명해져서 이스탄불 등 다른 도시에서도 먹을 수 있지만 부르사가 원조라고 한다. 음, 어딜 가면 먹을 수 있을까... 말도 안 통하는데...

방법은 쉽다. 생각해보자. 만약 우리가 한국에서 길을 가고 있는데 외국인이 두리번거리면서 다가와서 다짜고짜 "육회비빔밥!" 이라고 한다면? 당황스럽겠지만 '아, 이 사람이 육회비빔밥을 하는 음식점을 찾는구나...' 하면서 가까운 비빔밥전문점을 찾아줄 것이다. 피부색만 다르지 사람 사는 건 어디든 다 똑같은 법! 지나가는 사람을 붙잡고, 배를 비비며 "이스켄데르 케밥!" 해보았다.

당황스러울 만도 한데 역시 형제의 나라! 친절한 터키인들은 꽤나 열심히 가르쳐준다. 하지만 외국에서, 특히 말이 잘 통하지 않는 곳에서 길을 찾을 때는 한 사람에게만 물어보고 가다가는 큰코다치기 쉽다. 행인들이 가르쳐준 길로 가는 중간중간 계속 길을 물어보다가 세번째에 만난 아줌마가 직접 목적지까지 안내해준다. 어제와 같은 실수를 하지 않기 위해서 메뉴판에서 정확히 우리가 원하는 이스켄데르 케밥을 콕 찍어 주문을

조명이 어두워 비주얼은 그다지...

했다. 어제 26리라에 먹었던 케밥MIX가 비싸다고 징징거렸는데 이스켄데르 케밥은 1인분 20리라. 비싼건 마찬가지였지만 어제처럼 모르고 당하는 것은 아니니 덜 억울하다.

이스켄데르 케밥은 얇게 썰어낸 소고기와 양고기에 토마토소스를 뿌린 후 요거트와 같이 나오는데 마지막으로 버터를 끓여 녹인 후 고기 위에다가 촤르르륵 부어주는 것이 포인트!

버터의 고소함이 부드러운 고기 위로 잘 스며들어 씹을 때마다 맛을 더해줬다. 타고장의 맛을 본 적은 없지만 역시 본고장의 맛이구나! 라는 감탄사가 나왔다. 엄마도 그럭저럭 만족하시며 맛있게 드셨지만 가격만큼 푸짐했던 양을 모두 소화해 내시지는 못하셨고 뒤처리는 오롯이 나의 몫이 되었다. 그런데 처음에는 맛있다고 마시듯 후루룩 넘어가던 고기들이 내 몫을 깨끗이 비우고 엄마 몫까지 무리해서 먹다 보니 버터의 고소함은 어느새 느끼함으로 바뀌었고, 한 순간 뱃속으로 밀어넣었던 소와 양들을 바깥 세상으로 방목할 뻔했다. 금강산이든 식후경이든 뭐든 적당히...

숙박비에 조식은 불포함인지라 식사를 마치고 돌아오는 길에 먹을 것들을 좀 사서 가기로 했다. 때마침 코텔 사이를 비집고 들어오는 고소한 빵 냄새를 따라 걸어가 보니 숙소에서 약 100m 떨어진 곳에 빵집이 있었다. 현지인들이 줄 서서 빵을 사가는 모습을 보고 우리도 잠시 기다렸다가 큼지막한 바게트 빵을 샀다. 화덕에서 바로 구워 나오

는 싱싱한(?) 빵, 내 팔뚝보다 더 굵고 긴 빵이 단돈 1리라(500원)! 괜스레 기분이 좋아져 숙소로 향하던 중 이번엔 과일가게를 만났다. 한국에서도 과일이라면 사족을 못 쓰시는 엄마는 역시나 그 자리에 멈춰 서셨다. 가장 눈에 들어오는 것은 체리!! 터키어로는 키라즈(Kiraz). 바나나, 오렌지, 복숭아 등은 한국에서도 저렴하게 먹을 수 있는 반면 체리는 한국에서 먹으려면 비싼 편인데 여기서는 1kg에 무려 6리라! 3,000원이다! 세계 최대의 체리 생산국인 만큼 뜨거운 태양 아래 최적의 조건에서 자란 녀석들의 새콤달콤한 과즙이 혓바닥을 휘감았고 탱글탱글하게 잘 익은 과육이 입안에서 빵빵 터지니 날씨 때문에 고달팠던 오늘 하루의 우울함이 달콤한 체리 하나로 말끔하게 씻겨나갔다. 행복은 의외로 소소한 곳에서 쉽게 발견된다.

극한 직업,
세마 수피댄스

처음 루트를 잡았을 때 우리보다 조금 일찍 터키로 떠났던 형수님이 의아해하며 물으셨다.

"부르사에 뭐 볼 게 있나? 거기는 겨울에 스키 같은 거 타러가는 곳이라 카던데?"

뭐 틀린 말은 아니지만… 그렇다고 다른 계절에 볼 것이 아예 없느냐? 그건 절대 아니다. 부르사를 방문하는 사람들이 꼭 들러야 할 곳 1순위 벨리 데르가히 문화센터! 이곳에서는 매일 밤 9시부터(겨울엔 좀 더 일찍) 메블라나 교단의 전통 세마의식이 이루어진다. 다른 도시에서도 볼 수는 있지만 대부분 터키쉬 나이트나 식당 같은 곳에서 돈을 내고 보는 관광객들을 위한 쇼로 전락한 상태다. 본산지는 터키 중부 콘야(Konya)에 있지만 부르사의 세마의식도 훌륭하다고 한다.

숙소 주인 귀네스 할아버지에게 따로 설명할 필요 없이 그냥 주문처럼 "세마" 한마디만 하면 위치를 알려주신다. 하지만 난 친절하고 스마트한 남자! 스마트폰으로 지도 앱을 실행시킨 후 위치만 찍어달라고 할아버지에게 보여드렸다. 할아버지는 휴대폰은 치워버리시고 작은 사

터키의 흔한 PC방

각 메모지 한 장을 꺼내 그림을 그리며 설명해주셨다. 다시 한번 지도를 보여드리며 찍어주시길 원했지만 할아버지는 본인의 약도에 대한 자부심이 있으신지 당신의 방식을 고수하셨다. 하는 수 없이 할아버지의 약도를 들고 부슬부슬 내리는 비를 맞으며 길을 찾아 나섰다. 그러나 도저히 그 약도로는 길을 찾을 수가 없었다. 때마침 우리를 기다리고 있었던 것처럼 골목 어귀에서 서성이고 있는 두 명의 여자가 눈에 띄었다. "세마..." 한마디를 건네자 손짓을 하며 따라오라고 하더니 골목골목 안쪽까지 친절하게 안내해 주었다. 할아버지의 약도로는 도저히 찾을 수 없을 만한 길... 내가 오늘 할아버지에게 뭐 실수한 것은 없나 곰곰이 생각해봤다.

문화센터 입구에 들어서서 두리번거리고 있자 한 청년이 나와서 응

손님을 맞이하는 응접실   세마의식용 소품들

접실 같은 곳으로 안내를 해줬다. 우리가 누군지도 모르면서 잠시 앉아 있으라고 하더니 금세 따끈한 차이를 내온다. 공짜로 구경하러 왔는데 이게 뭔가 싶어 좌불안석이 되었다. 시간이 지나자 우리 외에도 세마의식을 보러 사람들이 속속 들어왔고 우리와 같은 대접을 받는 것을 보고 나서야 조금 편안해졌다.

9시가 조금 넘어서 의식이 시작될 즈음 안내를 받아 식장으로 들어가려는데 2층으로 올라가라고 한다. 엄마와 같이 올라가려고 하니 내 팔을 잡으며 남자는 1층 여자들은 2층이라고 한다. 1, 2층을 오가며 사진을 찍고 싶었지만 어쩔 수 없이 엄마랑 따로 구경해야 했다.

잠시 후 세마를 행하는, 즉 직접 수피댄스를 하는 '세마젠' 과 기도, 연주를 하며 세마를 이끌어가는 '쉐마흐' 가 입장했다. 엄숙한 가운데 쉐마흐들이 기도문을 낭독하고 몇 차례의 인사를 마친 후 장엄한 음악소리와 함께 본격적으로 세마의식이 시작되었다.
세마젠들이 제자리에서 빙글빙글 돌며 수피댄스를 시작하는데...
수피댄스... 말이 댄스지 그야말로 고행에 가까워보였다. 엠티나 야유회 등 노는 자리에서 누구나 게임으로 한 번쯤 해봤던 코끼리 코 잡고 돌기... 대부분 열 바퀴만 돌아도 정신을 못 차리고 휘청거리는데 그걸 20분씩이나 빙글빙글... 신에게 조금 더 가까이 다가가기 위해 오랜 시간 힘든 수행을 거쳐야만 할 수 있다고 한다.
오른손은 손바닥이 위쪽으로 하늘을 향해 있고, 왼손은 손바닥이 아래로 땅을 향한 채 빙글빙글 돈다. 하늘을 향한 오른손은 알라를, 땅을 향한 왼손은 인간을, 즉 신의 말씀을 받아들여 인간에게 전파하는 매개체로 눈은 게슴츠레하게 뜨되 초점은 맞추지 않고 무아의 경지에서 신과 하나가 된다고 믿는다.
계속 도는 건 그렇다 쳐도 멈춤과 동시에 땅바닥이 일어나고 주변 모든 것이 공격해올 것만 같은 어지러움을 어찌 감당하려나 싶어 숨을 죽이고 쳐다봤다. 식장을 가득 채우던 음악소리가 사라지고 숨소리조차 들리지 않는 적막감 속에서 나풀거리던 치맛자락이 몸을 휘감으며 회전은 끝이 났다. 그리고 그 자리에 꼿꼿이 멈춰 서서 숨을 고르는 세마젠들의 모습에 소름이 돋았다. 하물며 5명의 세마젠 중 4명은 열 살 남짓한 어린아이들이었다.

돌고 돌고 돌고

처음 이곳에 들어올 때는 이리저리 왔다갔다 하면서 다양한 각도에서 사진을 찍으려고 생각했었는데 움직이는 자체가 굉장한 실례가 될 것만 같은, 예상보다 훨씬 엄숙했던 분위기에 압도되어 한자리에서 꼼짝 못하고 있어야 했다. 이따금씩 번쩍거리며 플래시가 터져서 돌아보니 중년의 서양남자였다. 진상은 국적을 가리지 않나 보다. 피부색은 달라도 세상 어디에서든 진상을 부리는 그들만의 세상...
행사가 마무리되고 2층에서 내려오는 엄마를 만났다. 서로가 상기된 얼굴로 입을 못 다물고 엄지손가락만 척 치켜 올린다.
"와... 대박... 봤어요? 봤어요?"
"봤다 봤다... 참말로... 와..."
너무나도 당연한 질문과 대답이 오가는 것을 보면 엄마도 나도 상상했던 것보다 훨씬 더 큰 감동을 받은 것 같다.
"여기 참 잘 왔다. 그자?"
"에헤이... 터키 온 지 얼마나 됐다고 벌써 호들갑은... 아직 눈 돌아갈 일이 얼마나 많은데..."
아닌 척하면서도 고객만족에 흐뭇해지는 기분이 들어 숙소로 돌아가는 밤길이 한층 가벼워졌다.

벨리 데르가히 문화센터 안쪽

주말엔
주말르크즉 마을

혹시나 하는 기대를 무참히 짓밟는 빗소리에 눈을 떴다. 숙소 창밖으로 보이는 우중충한 풍경에 우리 어깨도 축 처진다. 그래도 만리타향까지 비행기 타고 날아왔는데 비 좀 온다고 방콕 할 수는 없지. 짐을 챙겨 1층에 맡겨놓은 후 가벼운 차림으로 나갈 준비를 했다. 오늘은 어디로 가냐는 귀네스 할아버지의 질문에 주말르크즉 마을에

아침부터 내리는 비가 주변 풍경마저 우중충하게 만든다.

간다고 대답하고 나가려 하자 할아버지가 우릴 불러 세웠다. 또 다시 서랍에서 메모지를 꺼내고 볼펜을 손에 꼭 쥐시는 할아버지... 그냥 넣어두셔도 되는데. ㅎㅎ

정류장에 도착하니 한 시간에 한 대 다닌다는 버스가 곧장 나타나는 것이 오늘은 아무래도 운이 좋을 듯하다. 버스에서 언제 내려야 하는지 걱정할 필요는 없다. 간단하다. 기사님을 향해 자신 있게 "주말르크즉!!" 한마디만 하면 아저씨 역시 "주말르크즉? 타맘(OK)!!" 하시며 목적지에 도착했을 때 알려주신다.

제일 앞자리에 앉아계시던 할머니 한 분이 우리에게 뭐라고 말씀하시는데 자기 내릴 때 같이 내리라는 말 같았다. 친절하신 할머니 같았다. 잠시 후 버스가 마을 입구에 도착했고, 내리자마자 두리번거리는

1. 주말이라 마을 입구에는 사람들로 붐빈다. 2. 호의인지 호객인지 모를 할머니의 집 앞에서

우리에게 할머니는 따라오라고 손짓하시며 먼저 앞서 나가셨다. 엄마는 할머니 손에 들려 있던 봇짐을 대신 받아 들어주시며 사이좋게 팔짱을 끼고 따라가셨다. 설마 이것이 말로만 듣던 여행자의 로망, 현지인의 초대인가? 부푼 마음으로 마을구경을 잠시 미뤄둔 채 할머니 뒤를 쫓았다.

5분쯤 걸어가자 할머니는 장미꽃이 한가득 피어 있는 건물 앞에서 엄마와 나란히 서시더니 뜬금없이 사진을 찍으라고 하셨다. 엉겁결에 사진을 찍고 나서 건물을 훑어보니 대문 앞에서부터 집 안쪽으로 이것저것 판매용으로 보이는 물건들이 진열되어 있었다. 할머니가 물건들을 가리키며 뭐라뭐라 말씀하시는데 전혀 알아들을 수가 없었다.

(↑) 뭐가... 왼쪽에는 칼 들고 있는 근위병 같기도 하고, 옆에는 해골마크도 있고... 좀 무서운 곳 같기는 한데 터키어를 몰라서 우선 사진만 찍어놨다. 나중에 터키친구에게 사진 보여주면서 무슨 뜻인지 물어보니... 안쪽에서 공사를 하고 있는 것 같단다.
칼을 들고 있는 줄 알았던 첫 번째는 안전벨트를 하라는 그림이고, 두 번째는 공사중 불편을 드려 죄송하다는 뜻, 세 번째와 네 번째는 출입금지, 다섯 번째는 안전제일. 마지막 여섯 번째는 설명 듣고 빵 터졌는데, Danger of Death. ㅋㅋ 사망주의라니...

(←) 유럽에는 유료화장실이 많은데, 터키 역시 마찬가지다. 식당 손님으로서 음식을 먹고 나서 이용하는 것 외에는 터미널, 지하철 등 거의 모든 화장실이 유료라고 보면 된다. 이곳 역시 예외는 아니다.
화장실 입구를 지키며 신문의 퍼즐게임을 하고 있는 여성.

다만 아직 터키에 온 지 얼마 되지 않아서 그런 것인지는 모르겠지만 집안으로 따라오라고 손짓하시는 할머니의 표정에서 조금 전까지 느껴졌던 친근한 미소는 어느새 먹잇감을 노리는 장사꾼의 미소로 느껴지기 시작했다.
"아이구야... 저 따라 드갔다가 괜히 물건 팔아주는 거 아이가?"
"맞제맞제? 엄마도 그래 느꼈제?"
우리는 괜찮다고 손사래 치면서 좀 더 둘러보고 오겠다고 통하지도 않을 말을 변명이랍시고 둘러대면서 자리를 떴다. 솔직히 이때까지만 해도 여행 초반이라 마음에 여유가 없어서 더 그렇게 보였는지도 모르겠다. 여행이 끝나고 돌이켜보니, 괜히 순수한 할머니의 초대를 오해한 것은 아닌가 싶기도 하다.
주말르크즉(Cumalikizik) 마을은 초기 오스만투르크 시대의 건축가옥들이 잘 보존된 곳으로서 터키 현지인들도 주말마다 피크닉을 즐기러 오는 마을이다. 나는 거대하고 웅장한 유적지보다는 아기자기하고 예쁜 이런 시골마을을 더 선호하는 편이다. 큼직큼직한 건물이나 대자연 위주의 패키지관광에 익숙한 엄마도 이번엔 대만족!
상업적인 건물이라고 해봤자 몇몇 식당을 제외하고는 집 앞에 물건들을 진열해 놓고 파는 형태가 대부분이었는데 들어오라고 손짓하고 말을 거는 등의 호객행위가 없어서 무척이나 좋았다.
과거로 돌아간 듯한 기분을 느끼며 이곳저곳 구경하다가 버스시간에 맞춰 마을 입구로 돌아왔다. 돌아가는 버스를 기다리고 있는데 아래쪽에서 미니버스 하나가 들어섰다. 소풍이라도 온 것인지 버스 창문 너머로 수많은 여학생들이 우릴 보며 신기해

좀 더 잘생기지 못해서 아저씨가 미안해…

하고 있었다. 나도 같이 쳐다보다가 손을 한번 흔들어줬더니 차안에서 질러대는 비명소리가 밖에까지 들려온다.

곧이어 차에서 내린 아이들은 곧장 이쪽으로 몰려와서 우리 주변을 서성이며 신기한 표정으로 어쩔 줄을 몰라 한다. 또 엄마와 찍겠거니 하며 사진 찍고 싶으면 찍으라고 손짓을 했더니 괴성을 질러대며 내 주위로 몰려들었다. 어머나… 드디어 나에게도! 부끄부끄… 내 옆에 바짝 붙어 돌아가며 사진을 찍는 아이들을 보니 아이돌이라도 된 듯한 기분이다. 이럴줄 알았다면 머리라도 감을 것을… 면도라도 하고 나올 것을… 아이들의 머릿속 한국인의 이미지를 김춘삼으로 만들어 버린 것 같아 괜히 미안해진다.

여유로웠던 마을을 떠나 다시 돌아온 부르사 시내. 당연히 왔던 길을 되돌아가리라 생각했던 버스는 순환선이었는지 아침에 올 때와는 다른 길을 달리고 있었다. 창밖을 두리번거리는 모습이 안쓰러웠던지 주변에 있던 아저씨들이 어디 가는지 물어보신다. 첨단시대를 살아

1. 톱하네 공원에서 바라보는 부르사 시내 2. 100살이 넘은 시계탑
3. 실크로 유명한 코자한 시장. 과거 아시아와 유럽지역을 연결하며 무역의 새로운 장을 열었던 실크로드, 그리고 실크의 종착지였다는 부르사. 부르사는 터키에서도 실크로 가장 유명한 곳이기도 하다.   4. 세계를 호령했던 오스만 가지의 묘. 유럽, 아시아, 아프리카 세 대륙에 걸쳐 거대한 왕조를 꾸몄던 것에 비하면 초라하다고 해야 할지 소박하다고 해야 할지... 의외로 작은 사이즈다.

가는 만큼 GPS를 통한 현재위치 확인으로 언제 내려야 할지 잘 알고 있었지만 이래저래 신경써주시며 이곳저곳 추천해주시는 아저씨들의 성의를 무시할 수 없어 예예 하다가 예정에도 없던 톱하네 공원으로 가게 되었다.

아침과는 다르게 주말이라 교통체증이 심했고 길거리에는 수많은 인파들로 북적이고 있었다. 선진국 소리를 듣는 몇몇 유럽 나라들을 방문했을 때 조금 놀랐던 것은 그들의 여유로운 교통문화였다. 선진국일수록 준법정신이 투철할 거라 생각했었는데 신호등과 상관없이 무단횡단을 밥먹듯 하는 게 인상적이었다. 지킬 때는 지키고 융통성이 필요할 맨 발휘되는 여유 있는 생활방식.

그런데 터키에서는 무단횡단이 훨씬 심했다. 경찰이 옆에 있어도 전혀 개의치 않았다. 경찰과 시민들이 사이좋게 같이 무단횡단을 할 때도 많았다. 유럽 선진국에서도 무단횡단을 많이 하고 동남아 등지에서도 무단횡단을 많이 하지만 전자의 무단횡단을 보면서는 운전자들이 참 여유가 있구나... 느꼈고, 후자의 무단횡단을 보면서는 보행자들이 참 시민의식이 없구나... 느꼈는데 터키에서는 그 둘의 중간 정도 느낌을 받았다.

신호등이 뭐지? 먹는 건가?

Izmir
이즈미르

현지인과의 만남
에페소스 유적과
쉬린제 마을
신세 좀 지자구요
아쉬움을 남기고

현지인과의
만남

부르사 시내관광을 조금 더 하다가 숙소로 돌아와서 짐을 찾아 곧장 오토갈로 이동, 버스를 타고 여섯 시간 정도를 달려 다음 목적지인 이즈미르에 도착했다. 장기간 버스여행이 힘들지 않냐는 아들의 걱정에 엄마는 콧방귀를 뀌시며 10시간 20시간도 끄떡없으니 그런 걱정일랑 하지 말라고 하신다.
"와 안 가고 멍하니 서 있노?"
"기다려보이소."
"와? 숙소가 어딘데? 길 모르나?"
"아, 그냥 좀 기다려보이소."
"모르면 아무나 붙잡고 좀 물어봐라!"
"아, 쫌!"
나는 곧바로 숙소를 찾아 이동할 생각은 안 하고 계속 대합실에서 서성이기만 했다. 엄마 눈에는 아들이 원체 숫기가 없어 남에게 물어보는 게 부끄러워 아무것도 못하고 있는 것처럼 보였는지 계속 주변사람들에게 물어보라고 나를 다그치셨다.

그때 우리를 향해 걸어오는 사람들이 있었다. 굵은 팔뚝에 문신을 한 건장한 남자와 얼굴 여기저기 피어싱을 한 여자 둘이 성큼성큼 다가와 우리 앞에 멈춰 섰다. 예상치 못한 상황에 엄마는 꼼짝도 못한 채 그 자리에 얼어붙어 버리셨다.

"Hi~!"

"Hi~ Welcome to Izmir!"

나와 악수를 나누며 인사를 나누는 모습을 보면서도 여전히 상황파악이 되지 않고 있는 엄마. 사실 비가 오는 날씨에도 무리를 해서 급하게 이즈미르까지 달려온 이유가 여기에 있었다. 여행오기 얼마 전 온라인으로 알게 된 터키친구를 만나기 위해서였다.

그녀의 이름은 누란. 원래 내일 만나서 에페소스 유적지의 가이드를 해주기로 했었는데 저녁 늦게 도착하는 우리가 걱정되어서인지 직접 마중을 나온 것이다. 같이 온 일행은 그녀의 여동생과 형부. 엄마를 깜짝 놀라게 해드리려고 미리 말을 안 했었는데 엄마는 내가 사기꾼에게 속아서 납치당하고 있는 줄 알고 차를 타고 이동하는 내내 말도 못하고 혼자 겁에 질려 계셨다고…

누란은 숙소로 가기 전에 식사를 먼저 하자며 코낙광장 근처의 한 식당으로 우리를 안내했다. 누란의 형부와 여동생은 영어를 전혀 못했기 때문에 누란과 내가 둘이서 열심히 서로의 이야기를 통역해줘야

왼쪽부터 누란의 여동생과 누란, 그리고 누란의 형부

했는데 문제는 나도 영어를 잘 못하니 한 마디 한 마디 할 때마다 등짝에 식은땀이 줄줄 흘러내렸다. ABC를 익힌 지 벌써 30년… 어째서 아직 이 모양인지… 그런 나에 비해 속사포처럼 쏟아내는 누란은 영어를 배운 지 이제 겨우 6개월이라고 한다. 엄마 표정이, 뼈 빠지게 벌어서 공부시켜 놨는데 고작 이 정도 수준밖에 안 되냐고 말하고 있는 것 같아 엄마 얼굴을 제대로 쳐다볼 수가 없었다. 주입식 교육이 문제일 것이다. 절대 내 머리가 문제가 아닐 것이다. 엄마 말씀대로 머리는 좋은데 노력을 안 해서 그럴 것이다…

식사를 마치고 나서 우리가 예약해둔 숙소까지 태워다준다고 해서 폰을 꺼내 지도를 보여주려고 하니 필요 없다면서 주소만 불러달라고 한다. 오올… 역시 현지인의 위엄! 자기 동네는 꽉 잡고 있다는 듯 힘차게 엑셀을 밟았다.

거기까지였다. 우리가 괜히 후진 곳에 숙소를 잡아서 고생시키는 것이 아닐까 싶을 만큼 뱅뱅 돌다가 지나다니는 사람들에게 수차례 물어보고 나서야 찾을 수 있었다.

우리 숙소가 큰길가에 위치한 게 아니라 골목골목 안쪽으로 들어가야 했는데 분위기가 살짝 음침했다. 그간 터키에서 보기 힘들었던 흑인들도 자주 보였고... 내 기준으로는 크게 위험해 보이지는 않았지만 누란은 걱정이 이만저만이 아니었다. 자기도 이 동네는 처음 와보는데 왠지 모르게 위험해 보인다고 하면서 우리만 괜찮다면 자기 언니네 집으로 가서 하루 묵는 것은 어떠냐고 했다.

다시 한번 찾아온 여행자의 로망! 속으로는 좌심방이 방방 뛰고 우심실이 덩실덩실 춤을 출 만큼 좋았지만 양반 체면에 곧바로 수락할 수는 없는 법! 밤늦게 돌아다니지만 않으면 괜찮다고, 그리고 이미 예약을 했기 때문에 힘들 거라고 정중하게 거절을 했다. 하지만 누란은 포기하지 않고 자기가 걱정되어 그러니 괜찮으니까 같이 가자고 다시 한번 제안했다. 우리는 괜찮지만 네가 그렇게까지 말한다면 뭐...
마지못해 져주는 척 응해주려고 하는데... 복병은 따로 있었다...

"싫다!!"

"???!!! 왜요???"

"아이고 마 엄마는 싫다!!!"

"아니 이런 기회가 어디 있다고?"

"고마 문 꼭 닫고 방안에 있으면 뭐가 위험하노? 약속도 안 하고 남에 집에 그래 갑자기 가는 거 아이다!"

"그냥 가자. 살면서 이런 기회가 자주 오는기 아이다."

"이런 기회 필요 없다. 서로 불편하구로 말라꼬!!"

"우리가 천년만년 여기서 눌러 살 것도 아니고 겨우 하룻밤인데 불편하면 얼마나 불편하다고!!"

"누란 집도 아니고 누란 언니 집이라면서! 자는 괜찮다 캐도 자들 언니는 싫어한다!"

"누란 형부가 먼저 제의했다 안카나! 고마 말 좀 들어라!!"

선비 모드로 돌입한 엄마는 완강하셨고 나와 십여 분간 실랑이를 벌이다가 누란까지 가세해서 설득을 한 후에야 겨우 고집을 꺾으셨다. 누란과 함께 숙소 카운터로 가서 사정을 이야기했더니, 현지인이 직접 이야기해서 그런지 별 말 없이 예약을 취소해주었다. 엄마는 누란 언니네 집으로 가는 동안에도 이건 아니라면서 도착하면 그 근처에 숙소 찾아보라고 하셨지만 들은 척 만 척 그대로 누란 언니네 집으로 진격했다. 누란이 미리 전화를 해서 사정을 이야기했기 때문에 누란의 언니는 두 팔 벌려 반갑게 우리를 맞이해주었다. 터키인은 손님 초대하는 것을 좋아하기 때문에 너무 그러지 않아도 된다고 몇 번이나 말씀 드렸지만 엄마는 어쩔 줄 몰라 하며 굽신굽신 모드로…

금방 배부르게 밥을 먹고 왔음에도 불구하고 누란이 차와 간식거리를 내어왔다. 우리는 딱히 줄 수 있는 게 없어서 세계 최고라 각광받는 대한민국 커피믹스를 내놓았다. 야심차게 내놓았지만… 터키인들은 커피 보다는 '차이'를 즐긴다는 사실이 손을 부끄럽게 만들었다.

Izmir

누란과 엄마

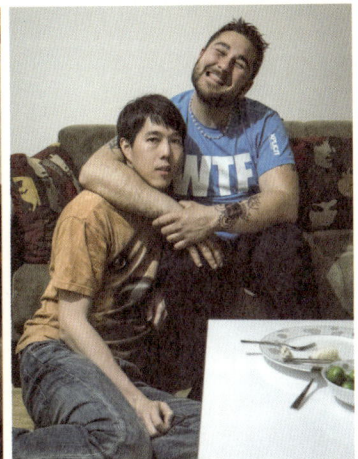
나 지금 떨고 있니?

완벽한 커뮤니케이션은 이루어지지 않았지만 그 나름대로의 재미를 느끼며 한참을 떠들고 놀다가, 언니네 부부는 새벽에 출근을 해야 해서 먼저 잠자리에 드는데 침실을 우리에게 내어주고 자기들은 구석방으로 들어갔다. 엄마는 또 다시 미안해서 어쩔 줄 몰라 하며 안절부절 못하신다.
"제발 좀!! 호의를 권리로 착각하지만 않으면 괜찮다고!!! 너무 거절해도 실례라니까…"
몇 번이나 말해도 엄마는 그 상황이 불편하시기만 한가 보다. 그런데 막상 침대에 누워서는 코까지 골며 어찌나 잘 주무시는지…

에페소스 유적과
쉬린제 마을

다음 날 아침...
누란이 준비해준 간단한 빵과 차이로 식사를 마친 후 버스를 타러 갔다. 오늘은 터키의 대표적인 고대 문명 에페소스를 보러가는 날. 그런데 출발 전부터 누란과 실랑이가 벌어진다.
목적지인 셀축 오토갈까지 가는 버스요금을 내려고 하는데 누란이 자꾸 방해를 하며 자기가 계산을 하려고 했다. 가이드 해주는 게 고마워서 우리가 내준다는데도 굳이 자기가 내려고 했다. 그럼 공평하게 더치페이로 각자 알아서 자기 표를 사자고 했더니 그것도 싫다고 하며 기어이 자기가 계산해버렸다. 그럼, 어제 저녁도 얻어먹었으니 점심은 우리가 쏘기로 약속하고 차에 올라탔다.
집을 나온 지 약 두 시간 만에 에페소스 입구에 도착했는데 입장료가 1인 30리라(15,000원). 이번에도 역시나 트러블이 생긴다. 누란은 여기 처음 오는 것도 아니고 순전히 우리 때문에 오는 것이니 당연히 우리가 내주겠다고 했고 누란은 손님이 그런 소리 하는 거 아니라면서 만류했다. 이번에도 계산 못하면 엄마가 화낸다고 엄마핑계를 대며

어서 와라냥~ 에페소스엔 처음이냥? (↑)

수용인원 24,000명 규모의 거대한 원형극장.
사실 로마시대에는 공연보다 검투사들의 격투가 더 많았다고 한다. (↓)

서 각자 계산하는 선에서 합의를 봤다.

터키에 도착하고부터 줄곧 비바람과 쌀쌀했던 날씨 때문에 계속해서 긴팔을 입고 있었는데 처음으로 쨍쨍한 햇살이 우리를 맞이했다. 터키는 기온이 아무리 높아도 습도가 낮기 때문에 그늘에만 있으면 서늘함을 느낄 수 있지만 문제는 에페소스에는 그늘이 거의 없기 때문에 간만에 땀을 좀 빼야 했다.

에페소스(Ephesos), 에페수스(Ephesus, 라틴어), 에페스(Efes, 터키어) 등 다양하게 불리는 이 유적지는 오리지널 그리스 로마를 제외하고 동쪽으로 고대 그리스 로마 유적이 가장 잘 보존되어 있는 곳이라고 한다. 아시아 대륙의 로마령 도시 중에서 인구 25만 명의 최대 도시로 한때 잘 나갔던 곳이며, 터키 방문시 필수 코스인 곳 중 하나다. 이곳에서 바다까지는 약 5km 정도 떨어져 있지만 에페소스가 처음 생겨난 고대에는 이곳에서 해변이 보일 만큼 가까이 있었다고 한다. 대략 BC2000년 이상이라고 하니 1년에 1cm씩 발바닥 땀나게 움직인 셈이다.

누란은 어설픈 발음으로 움마 움마 하면서 엄마 옆에서 떨어질 줄 모른다. 진짜 모녀지간처럼 가까워진... 그러나 여전히 대화는 없는 슬픈 모녀였다. 가이드를 대동한 외국 관광객들이 있으면 누란이 옆에서 듣고 좀더 쉽게 나에게 이야기해주고, 내가 다시 엄마에게 이야기해주는 방식으로 조금씩 에페소스를 알아나갔다.

 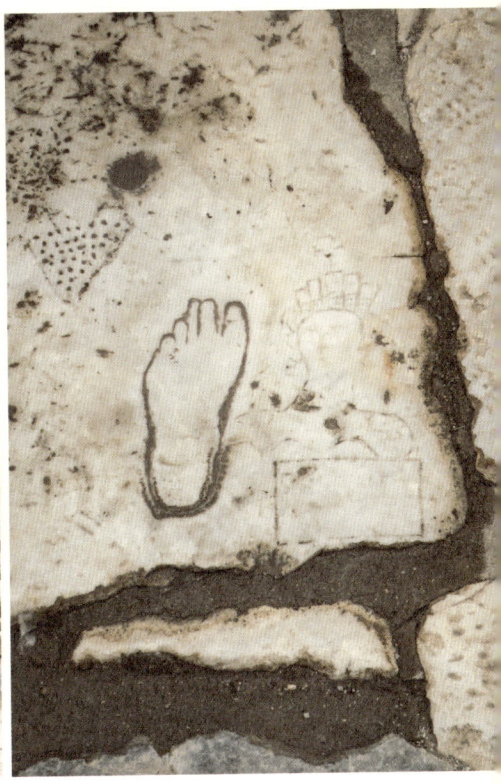

원형극장에서 켈수스 도서관으로 향하는 대리석 길을 따라 걸으면 아치 모양의 문이 나오는데, 문을 들어서면 '네로의 홀' 이라고 불리는 작은 테라스가 나온다. 딱히 볼 건 없고 옛 시장이었던 아고라 상업지구가 한눈에 내려다 보인다. 이곳이 항구와 가까운 상업지구이다 보니 장기간 바다위에서 외로운 시간을 보냈던 뱃사람들이 많이 머물렀고, 사창가 또한 번성했다.
'네로의 홀' 근처 대리석 길에는 그 사창가와 관련된 19금 유적이 나온다. 바닥의 대리석에 사람 발이 그려져 있는데, 윤락업소 출입을 필터링하는 기준이라고 한다. 저 발보다 크면 성인, 작으면 아이...
이게 뭔 어이없는 짓이야, 라고 생각할 수도 있겠지만 나름 세계 최초의 길거리 광고라고 한다. 발 옆의 사각형은 아마도 신용카드 결제가능... ㅋ

이즈미르

전성기 로마시대 당시 좀 잘 나가던 법학자 켈수스의 아들이 아버지를 추모하며 세운 켈수스 도서관. 12,000여 권의 두루마리를 보관했던 고대 그리스 시대 No.3의 규모를 자랑한다.

그러다 언제부터인지 짙은 구름이 바람과 함께 나타나 빗방울을 살짝살짝 흩뿌리기 시작했다. 심상치 않은 날씨변화에 대충 구경을 마무리하고 왔던 길을 되돌아 나왔다. 다시 셀축 시내로 돌아가기 위해 버스를 기다리던 중 누란이 근처 기념품 가게로 들어갔다. 어제부터 너무 대접받기만 한 것 같아서 나도 같이 따라 들어갔다.
"누란 마음에 드는 거 하나 골라봐! 선물해줄게."
"나한테 이게 기념이 될 것 같아? 너나 골라."
맞는 말이다. 결국 누란이 나와 엄마에게 팔찌와 열쇠고리를 하나씩 선물하게 되었다. 대신 점심은 우리가 산다고 다시 한번 당부한 후 셀축 오토갈로 돌아왔다.
거리를 어슬렁거리며 식당을 물색하다가 적당한 곳으로 들어갔다. 먹고 싶은 음식이 있냐고 물어보는데 그냥 매콤한 거 먹고 싶다고 했더니 'Tavuk sote'라는 것을 주문해 주었다. 우리나라 닭도리탕과 조금 비슷해 보였는데 순간적으로 한 국물 떠서 후루룩 ~ 흡입하자 마자 깜짝 놀라 두번 세번 다시 맛을 보고 누란을 쳐다봤다.
전혀 맵지가 않아서 내 영어가 잘못됐나?... spicy가 매운 맛 아닌가? 곰곰이 생각해보다가 물었다.
"내가 시킨 거 맞아? 난 매운 걸로 부탁했는데?"
"(눈을 동그랗게 뜨며) 맵잖아."
"맛은 있는데... 전혀 맵지 않아."

"(옆에 있던 식당주인에게) 얘 좀 봐요. 이게 하나도 안 맵대요. 미친 것 같아요."

경상도 입맛이라 매운 음식 잘 먹는 것도 있지만 아무튼 터키사람들은 매운맛 별로 좋아하지 않는다고 한다.

"혹시 네가 한국에 오면 매운 지옥을 보여주지. ㅎㅎ"

"오... 보여줘 보여줘!! 꼭 갈게 꼭 보여줘!"

맵지는 않았지만 맛은 있었으므로 깨끗하게 그릇을 비워주니 몸 안에서도 뭘 좀 비워달라고 신호를 보내왔다. 그런데 아뿔싸! 잠시 화장실을 다녀온 사이 누란이 또 계산을 해버렸다. 정말 난처한 표정으로 돈을 쥐어주려 했지만 한사코 받지 않으며 도망가 버린다. 왜 그럴까... 설마 내가 너무 빈티 나 보여서?

이젠 붙잡아 놓고 저녁은 내가 낸다는 등 약속을 할 이유가 없어졌다. 눈치껏 먼저 내는 사람이 이기는 것이다.

식사를 마치고 쉬린제 마을로 향했다. 작고 아름다운 동화 같은 마을이라고 여러 가이드북과 인터넷에서 이미 유명해진 쉬린제 마을. 어제 봤던 부르사의 주말르크즉 마을과 비슷한 분위기이긴 하지만 너무 유명해진 탓일까? 민가보다는 상점이 더 많았던 탓에 썩 만족스러운 느낌은 받지 못한 채 셋이서 어슬렁어슬렁 마을을 돌아다녔다.

마을 입구에서부터 꽃을 파는 곳이 많았는데, 누란이 화관을 하나 사서 엄마 머리위에 올렸다. 우리도 질세라 하나 사서 누란 머리위에 올

고품질의 와인으로도 유명한 쉬린제 마을

쫀득쫀득한 식감으로 유명한 터키의 대표 아이스크림, 돈두르마를 케밥처럼 썰어서 판매하고 있다.

개더움 터키의 맛! 에페스!

터키에서 인상적이었던 몇 가지 중 하나는 식물재배에 사용하는 화분들이 재활용이라는 점이다.
특히 운동화나 구두 등 신발을 이용해 식물을 심어놓은 모습을 굉장히 많이 볼 수 있다.

려줬다. 우리나라는 5월 8일이 어버이날인데 터키는 어머니의 날과 아버지의 날이 따로 있다. 5월의 두 번째 일요일인 오늘이 어머니의 날이라 누란이 꽃을 사준 거였고, 엄마는 누란이 사준 성의 때문에 쉬린제에 있는 내내 화관을 쓰고 계셨는데, 이후 하루 종일 머리를 긁어대셨다. ㅎㅎ

더운 날씨에 한참을 걸어다니다가 목도 축이고 땀도 식힐 겸 길가 카페로 들어섰다. 이번에는 아예 계산을 못 하도록 자리 안쪽으로 누란을 몰아 넣고 직접 주문을 했다. 그렇게 폼 잡으며 대접 좀 하려고 했더니 제일 저렴한 차이를 고르는 바람에 뭔가 찝찝한 1승을 올린다.

Izmir

신세 좀
지자구요

돌무쉬(Dolmus, 우리나라의 마을버스처럼 인구가 밀집되어 있는 일정 지역을 순환하는 터키의 교통수단으로, 손님이 가득 차야 출발한다. 택시보다 요금이 싸고 버스보다 편리해서 인기가 많다)를 타고 우리 셋은 다시 이즈미르로 돌아왔다. 엄마는 하루 신세를 졌으니 이제 다른 숙소를 정하든 다른 도시로 이동하든 하자고 하셨다. 그때 누란에게 전화가 걸려왔고, 통화를 마친 누란은 우리에게 언제 떠날 건지 물었다. 별 일 없으면 내일 떠날 거라고 했더니 그럼 굳이 숙소를 새로 잡을 필요 없이 자기 언니네 집에서 하루 더 묵고 가라고 했다. 나야 땡큐지만 역시나 엄마가 문제였다. 손사래 치며 싫다고 하는 엄마와 그런 엄마를 이해할 수 없다는 눈으로 바라보는 누란.

엄마를 설득하기 위해 다양한 이유를 제시했다. 첫 번째로 누란이 이야기를 꺼내기 전에 먼저 언니 쪽에서 제안을 해왔으니 이것은 분명한 초대라는 점! 두 번째는 누란에게도 한국인과 이렇게 만나게 되는 일이 흔하지 않은, 무척이나 소중한 기회라는 점! 세 번째로 우리가 신세지겠다고 부탁하는 입장이 아니라 누란이 제발 와달라고 우리에

코낙광장 시계탑. 이즈미르의 심장, 코낙광장에는 이즈미르를 상징하는 시계탑이 있다. (↑)
일몰, 이즈미르의 밤 (↓)

게 부탁하는 상황이라는 점... 등등 계속해서 설득했지만 엄마는 싫다고 한다. 손님이면 그 근처에 숙소를 잡고 같이 놀다가 헤어지면 되지 왜 또 주객이 전도되어 거기서 잠을 자야 하냐며 계속해서 거절을 하신다. 참 갑갑하다. 여기서 천년만년 살 것도 아닌데 하루이틀 신세지는 것이 뭐가 그리 큰 실례라고 이리도 유난을 떠시는지 도무지 이해가 되지 않았다. 결국 계속되는 고집에 나도 슬슬 짜증이 나기 시작했고 급기야는 버럭 화를 내버렸다.

"아! 그럼 난 누란 집에 가고 엄마는 근처에 방 잡아줄 테니까 거서 혼자 자든지 말든지 맘대로 하이소!!"

"……"

결국 누란 언니네 집에서 하루 더 보내기로 결정했다. 누란은 다시 형부에게 전화를 걸어 상황설명을 해줬고 돌무쉬를 타고 이즈미르 시내로 이동하는 내내 엄마는 말 없이 반대쪽 먼 산만 바라보고 계셨다. 너무 심했던 건 아닌지 나 역시 복잡한 마음으로 창밖을 내다봤다.

아!!! 일몰!!! 창밖 세상은 붉은 빛이 감돌고 해가 뉘엿뉘엿 넘어가려고 폼을 잡고 있었다. 떠 있을 때는 모르지만 저물 때의 해는 정말 미친 듯한 속도로 불길을 휘날리며 달린다. 급한 마음에 세팅이 어찌 되어 있는지도 모르고 허겁지겁 셔터 누르기에 바빠졌다. 조금만 더 일찍 왔으면 좀 더 느긋하게 피사체들을 관찰하며 찍을 수 있었을 텐데... 하며 사진 못 찍는 핑계를 대본다. 그리고 오토갈에서 괜스레 쓸

데없는 논쟁으로 시간을 소모하게 만든 엄마를 또다시 원망했다. 조금 전까지 엄마와의 트러블 때문에 미안한 감정을 갖고 있었는데... 참으로 간사한 아들이다.
잠시 이즈미르의 일몰을 감상한 후...
"저녁 먹어야지?"
"여기는 뭐고 저기는 뭐고..."
"배고프지 않아? 뭣 좀 먹지?"
"여기는 어떻고 저기는 어떻고..."
몇 번이나 식사이야기를 꺼냈지만 밥 생각이 없는 건지 아니면 돈 못 쓰게 하려는 작전인지 누란은 이즈미르 시내구경을 시켜준다며 계속해서 이곳저곳 우리를 데리고 다녔다. 가이드 당하는 입장에서 적극적으로 의견을 내지 못하고 따라다니다가 결국 식사를 건너뛰고 돌아가게 되었다. 누란이 우리를 데리고 버스를 타러 가는데 왔던 길을 거슬러 집 방향과는 반대쪽으로 한참을 걸어갔다. 이유를 물어봤더니 막차시간이 다 되어서 아래쪽에서 타면 엄마가 서서 가야 한다고 일부러 기점까지 왔다고 한다. 20분 동안 서서 집까지 가는 것이나, 앉아서 가려고 20분 넘게 걸어가는

최 여사님이 딸을 획득하였습니다!

것이나 거기서 거기겠지만 마음 씀씀이가 참으로 고마웠다. 짙은 눈화장과 이곳저곳 피어오른 피어싱 등 겉보기에는 무섭지만 속마음은 참으로 따스한 아이였다.

집에 도착했을 때는 거의 10시가 넘어 근처에 문을 연 식당을 찾기가 힘들었다. 대신 아직 문을 닫지 않은 과일가게에 들어가서 과일을 한 아름 샀다. 다시 한번 우리를 반기는 누란의 가족들과 미안해서 어쩔 줄 몰라 하시는 엄마의 모습이 재현되었다. 어제와 마찬가지로 옹기종기 모여앉아 차이를 마시며 오늘 있었던 일들로 수다를 떨다가 잠자리에 들었다. 등을 돌리고 누워 있는 엄마를 보니 낮에 숙소 문제로 큰소리쳤던 일이 떠올랐다. 원하는 결과를 얻은 나도 마음이 그리 편하지는 않았다. 내가 화를 내며 그런 소리를 했을 때 당신께서는 어떤 생각이 들었을까... 엄마가 영어를 조금이라도 할 줄 알았다면 보란 듯이 혼자서 씩씩하게 다니셨을 텐데... 그러지 못하고 만리타향에서 아들 없이 아무것도 못하는 당신의 모습을 보면서 배움에 대한 후회와 서글픔을 느끼신 건 아닌지... 공부하고 싶어도 하지 못한 이유 역시 우리 자식들 때문이었을 텐데...

"엄마... 아까 낮엔 내가 좀..."

"고로로롱... 퓨... 고로로롱... 퓨..."

"......"

아쉬움을
남기고

여행을 떠나기 몇달 전...
아버지 기일을 맞아 떨어져 살던 가족들이 옹기종기 모여 앉았다. 터키여행을 먼저 했던 둘째형의 이야기를 들으며 부푼 꿈을 이어가던 중... 형의 카우치서핑 이야기를 들었다.
흠... 카우치서핑이라... 낯선 이국땅에서 가이드북을 따라 이동하는, 판에 박힌 여행이 아니라 현지인의 집에서 그들과 함께하는, 여행자라면 누구나 호기심을 가질 만한 굉장히 매력적인 아이템이다.
"좋아! 그렇다면 난 이번 여행에서 카우치서핑을 해보는 것을 목표로 삼겠어!!"
"풋... 넌 영어도 잘 못하잖아..."
"뭐 대충 손짓발짓하면 되지 않을까...?"
"니 같으면 말도 안 통하는 데다 할머니까지 딸린 중년남자에게 관심을 보이겠나?"
"쳇..."
형이라는 양반이 동생의 꿈과 희망을 키워주지는 못할 망정 채 피어

오르지도 못하게 잘근잘근 밟아버리다니... 참 나쁜 형이다.
그러나 오늘!
엄마와 나는 터키 현지인의 집에서 두 번째 아침을 맞이했다. 한국으로 돌아가면 꼭 형 앞에서 비웃어 주리라...

월요일이라 누란이 출근을 해야 하므로 어제보다 좀 더 일찍 일어나 준비를 해야 했다. 한글을 공부하기 시작했다는 누란에게 미션을 줄 겸 엄마와 나의 손편지를 화장대 위에 고이 올려놓고 버스정류장으로 갔다. 예매를 해놓았기 때문에 9시까지 오토갈로 가야 하는데 10분 안에 온다던 버스는 20분이 지나도록 오지 않았다. 우리가 늦을까 걱정도 걱정이지만 그보다 누란이 지각할까 싶어 우리는 알아서 갈 테니 얼른 출근하라고 등을 떠밀었지만 그녀는 끝까지 우리를 보내고 가겠다며 버텼다. 불과 이틀간의 짧은 시간은 우리에게도 특별했지만, 그녀에게도 더없이 소중한 시간이었기에 결국 엄마를 끌어안고 눈물을 보이고 만다. 그리고 언젠가 한국에서 꼭 다시 만나는 그 날을 기약하면서 따뜻한 안녕을 고했다.
이 타이밍에 버스가 도착했어야 이별의 최고조에서 헤어지는 딱 좋은 그림이 되는데 다 울고나서 조금은 김빠진 어색한 분위기 속에서 한참이나 늦게 온 버스를 타고 우리는 다음 여정을 떠났다.

Pamukkale
파묵칼레

하얀 나라를 보았니? ♪♬♩

하얀 나라를
보았니? ♪♬♩

이즈미르를 떠나 이동하는 다음 목적지는, 하얗게 펼쳐지는 석회온천으로 유명한 파묵칼레.

파묵칼레는 워낙 작은 마을이라 한번에 바로 가는 버스가 없고 근처의 데니즐리라는 도시를 거쳐야 갈 수 있다. 인터넷을 검색해보면 파묵칼레에서 숙소 호객꾼들과의 실랑이로 피해를 본 사례가 수두룩하게 나오기 때문에 정신을 바짝 차려야겠다고 마음을 다잡았다. 약 20분을 달려 파묵칼레에 도착했는데 굉장히 정신없는 상황이 벌어지지 않을까 예상했던 것과 달리 사람들 대부분 자기 숙소를 찾아 금세 사라져버리고 파키스탄에서 온 신혼부부 한 쌍과 우리만 남게 되었다. 그 부부 역시 미리 예약을 해놓은 듯 잠시 후 찾아온 어떤 남자와 숙소 및 일정에 관해서 이것저것 이야기를 나누었다. 그 남자는 잠시 후 옆에서 멀뚱멀뚱 바라보고 있던 우리에게 말을 걸어왔다.

"댁들은 어느 호텔이요?"

"아직 안 했는데... 석회봉이랑 가까운 쪽으로 가 보려구요."

"그쪽은 비싸. 그냥 애들이랑 같은 곳으로 가. 25유로에 해줄게."

트랙터를 모는 신사분과 휴게소에서 만난 구두닦는 신사.
잘 매치되지 않는 직종임에도 정장을 입는 경우가 많다.

아침에 일어났을 때 숙소에서 바로 파묵칼레의 하얀 석회봉을 보고 싶었으나 비싸다는 말에 움찔! 그래도 발품 팔면 뭐가 좀 나오지 않을까 싶었는데 엄마는 또 뭐가 불안하셨던지 그냥 이 사람들 갈 때 같이 따라가자고 하신다. 엄마의 논리는 간단했다.
"쟈는 어데서 왔다고?"
"파키스탄이라던데?"
"거 우리나라보다 못사는 나라 아이가?"
"뭐 잘은 모르겠는데 아마도 그럴걸?"
"신혼여행을 이까지 오는 거 보마 저거 나라에선 엘리튼갑다. 그자?"
"글쎄, 우리야 멀지만 지들끼리는 가깝지 싶은데…"
"그리고 신혼여행인데 얼마나 잘 준비해가 왔겠노. 자들 따라가자!"
"아니 뭐 여행사에서 비싸게 잡아줄 수도 있는 거고… 그리고 아까

보니깐 마냥 고개만 끄덕거리며 저 아저씨가 시키는 대로 옵션 같은 거 다 추가하는 것 같더만... 내 보기엔 호구다."

"아이다. 생긴 거 함 봐라. 얼매나 똑똑하게 안 생겼드나... 니보다는 자가 훨 똑똑하지 싶다."

너무하시네... 전혀 동의하지는 않지만 뒷말을 없애기 위해 그냥 져주기로 했다.

"오케이! 아저씨. 저 팀 따라갈게요."

"굿잡! 2인실 25유로."

"에헤이... 내가 빙다리 핫바지로 보이시나... 쟤들이랑 이야기할 때 20유로라고 하는 것 다 들었는데 어디서 약을 팔아요?"

"그들은 온라인으로 예약을 했기 때문에..."

"아 몰랑! 같은 가격 안 해주면 다른 데 갈 거임."

아저씨는 나의 진상짓에 잠시 눈을 끔벅이며 바라보시다가 귀찮은 듯 항복하셨다.

잠시 후 호텔 직원이 구닥다리 벤츠 한 대를 몰고 와서 우리를 픽업했다. 차안에서 폰으로 지도를 보니 차는 석회봉의 반대방향으로 굴러가고 있었다. 별 수 있나... 씁쓸함을 안고 숙소에 도착했는데 다행스럽게도 숙소는 가격대비해서 무난한 편이었다.

간단히 짐만 정리하고 나오는데 우리를 본 호텔 직원이 벌떡 일어나 다가왔다. 석회봉까지 가는 거면 태워주겠다고 하는데, 식사도 하고 천천히 마을구경도 할 겸 정중히 사양하고 그냥 걸어가기로 했다. 한편으로는 또 태워주고 팁을 원하는 것은 아닌가 싶어서...
인근 식당에서 간단히 요기를 하고 석회봉 방향으로 한 발 한발 걸어가자 곧이어 눈

무난했던 숙소. 수영장은 덤

부시게 하얀 파묵칼레의 석회온천이 모습을 드러냈다. 얼른 매표소로 뛰어가 표를 끊고 하얀 석회바닥 위로 흐르는 온천수와 발인사를 했다. 신발을 손에 쥐고 행여나 넘어질까 엄마와 서로 손을 잡고 한 발자국씩 나아갔는데, 첫 발을 내딛은 느낌은 의외였다. 보기에는 반질반질 윤기가 나는 것 같아서 미끄러울 줄 알았는데 까끌까끌한 것이 넘어질 걱정은 없어보였다. 다만 물이 고여 있는 곳의 바닥은 침전물로 인해 조금 미끈거렸다.

파묵칼레가 본격적으로 알려지기 시작하면서 우후죽순 생겨난 주변 호텔들이 온천수를 죄다 끌어다 쓰는 바람에 정작 이곳으로 유입되는 물이 줄어들었다고 한다. 그래서인지 기대했던 것과 달리 석회층에 물이 별로 없었다. 터키에 오기 전 미디어를 통해 접했던 희고 푸르른 파묵칼레의 모습은 모두 옛날 모습이었나 보다.

자연이 만들어낸 예술품

1. 작은 마을 파묵칼레. 사진에 보이는 것이 전부다. 2. 어설픈 모자의 어설픈 컨셉 사진
3. 해질녘의 파묵칼레 4. 물이 많이 줄어 있었던 파묵칼레

반영

14,000년의 시간이 빚어낸 작품들을 보며 엄마는 감탄사를 뿜어내고, 나는 비키니만 입고 거침없이 돌아다니는 외국 아가씨들을 보며 감탄사를 뿜어냈다. 역시 오길 잘했어!
가끔 하늘에서는 패러글라이딩을 즐기는 사람들이 이리저리 날아다닌다. 패러글라이딩을 목표로 하는 사람들은 대부분 페티예를 찾지만 파묵칼레에서도 패러글라이딩을 할 수 있다.
"엄마. 내일 페티에 가면 우리도 저거 타자."
"아이고 할마시 심장마비로 죽일 일 있나. 저런 걸 우예 타노."
"그냥 타면 되지. 앞으로 언제 또 이런 거 타 보겠노."
"아이고 모르겠다. 니나 실컷 타라."
아이고 나도 모르겠다. 뭐 돈 다 냈다 그러면 아까워서라도 타시겠지. 내일 일은 내일 생각하기로 하고 구경을 계속 했다.
그때...
"야이야~ 정희야~~~."
다급하게 나를 부르는 엄마의 목소리에 무슨 일인가 싶어 돌아봤더니 의자 위에 올라서서 사진을 찍고 있는 할아버지를 가리키며, 저 사람 사진작가 같다고, 가서 뭐 찍는지 보고 같이 따라 찍으라고 하신다. 엄마가 가리킨 그 노년의 사진가 주위로 몇몇 사람들이 그가 찍은 사진을 보며 엄지손가락을 치켜들고 있었다. 살짝 호기심이 생겨 뭘 찍었나 가서 봤더니 고작 비키니 입은 아가씨들의 점프 샷이었다...

파묵칼레의 야경

휴... 엄마는 큰 장비를 들고 다니는 사람만 보면 이런 난리를 치신다. 카메라가 크다고 실력까지 좋은 것은 아니라고 몇 번이나 말씀드려도 듣지 않으신다.

파묵칼레 입장권에는 근처에 있는 고대유적지 히에라폴리스 입장료까지 포함되어 있지만 비슷한 돌무더기들을 불과 어제 에페소스에서 지겹도록 봤기 때문에 또다시 보고 싶지는 않았다.
이리저리 구석구석 구경하다가 파묵칼레의 서쪽 끝자락까지 들어설 즈음 해가 지면서 어둑어둑해지더니 다시 온천쪽으로 빠져나왔을 때는 하얗던 세상이 어느새 캄캄해져버렸고 사람이라고는 우리 모자밖에 보이지 않는 상황이었다.

Pamukkale

"이왕 늦은 김에 사진이나 찍읍시다."
길 잃고 정신없는 와중에도 그림자놀이~ 울엄마 짱 긔엽긔~

온천을 통하지 않고 가는 길은 너무 멀리 돌아가도록 되어 있어서 조금 위험해 보였지만 한 손엔 휴대폰 손전등을 들고, 다른 한 손은 엄마 손을 꼭 잡고 온천 속으로 발을 내딛었다.

"겁 안 나나?"
"아들래미 손 꼭 잡고 있는데 겁날 게 머가 있노."
그러면서 잡은 손에 한 번 더 꼬옥 힘을 주신다.
"아들래미 손 꼭 잡고 내일 패러글라이딩 합시다."
"치아라."

Fethiye
페 티 예

가격으로 밀당하는
나는 여행 밀당남
엄마 날다!
엄마 구르다!

가격으로 밀당하는 나는
여행 밀당남

길을 헤맨 덕에 늦게 잠들었지만 새벽 일찍 눈이 떠졌다. 몸은 피곤했지만 정신을 차리고 숙소를 나섰다. 어제 구경했던 석회봉 쪽으로 다시 가서 파묵칼레의 일출도 담고 산책도 좀 하다가, 다음 목적지인 페티예로 이동하는 버스까지 예매하고 숙소로 발길을 돌렸다.

돌아가는 길에 어느 집 앞에서 마당을 쓸고 있던 한 할아버지와 눈이 마주쳤다. 눈이 마주친 김에 "메르하바~"하고 인사를 건넸더니 나에게 손짓을 하며 다가오셨다. 친절한 터키인들... 이번에는 또 무슨 호의를 베풀어주려나 싶어 내심 기대하고 있었는데 할아버지는 뜬금없이 올드코인 좋아하냐면서 주머니에서 주섬주섬 동전들을 꺼내 보여주셨다. 자기 집 앞마당에서 발견했다고 하시며 로마시대 어쩌고저쩌고 하시는데 이걸 어쩌라고... 그냥 자랑이신가? 아님 설마? 친절한 터키인의 기념선물인가... 딱히 관심은 없었지만 일단 공손히 받아들었는데 역시나... 미소를 지으며 돈 내라고 손바닥을 내미시는 할아버지. 공손하게 다시 돌려드리고 숙소로 돌아와서 곤히 주무시던 엄마를 깨워 식사를 한 후 페티예로 출발했다.

지중해의 휴양도시, 페티예는 아름다운 섬들과 패러글라이딩 명소로 유명하다. 패러글라이딩을 할 수 있는 업체 중 '헥토르'라고 하는 업체가 가장 규모가 커서 많은 사람들이 이용한다. 물론 규모가 큰 만큼, 좋다는 후기도 별로라는 후기도 많은지라 잘 선택해야 한다.

오후 5시가 조금 넘어 페티예에 도착했는데 오토갈을 빠져나가기도 전에 죽 늘어서 있는 버스대리점 중 한 곳에서 우리에게 달라붙었다.

"헤이, 코리안~ 패러글라이딩 안 할 거야?"

"헥토르에서 할 거야."

"(서랍에서 헥토르가 찍힌 메모지를 꺼내 보여주며) 우리가 바로 헥토르야!"

"얼만데?"

"200리라!"

"내가 묵었던 호텔에서 180리라면 된다던데?"

Fethiye

"OK! 그럼 180리라."
"(오즈투르크 호텔의 전단을 보여주며) 어제 묵은 호텔에서 이걸 보여주면 10% 더 할인해준다는데?"
"OK! 10% 할인!"
도대체 얼마나 남겨먹는거야? 이건 뭐 곤란한 기색도 없이 말하는 대로 척척 할인을 해주니 오히려 믿음이 가지 않아 그냥 나와버렸다. 일단 패러는 숙소를 통해 천천히 알아보기로 하고 돌무쉬를 타고 어젯밤에 예매했던 숙소로 이동했다.

매일 새벽 엄마가 잠든 시각! 나는 저렴한 숙소를 찾아 산기슭을 헤매는 하이에나처럼 검색삼매경에 빠진다. 이번 숙소 역시 저렴한 대신 페티예 오토갈에서 돌무쉬를 타고 약 20분을 이동해야 도착할 수 있었다. 날은 더운데 계속 차를 갈아타다 보니 조금씩 짜증을 내시던 엄마가 마침내 한소리하셨다.

"말라꼬 이래 먼 데로 골랐노... 근처 아무데나 잡지."

"그래도 이집이 쪼매 더 싸다."

"아이고 둘이서 이래저래 버스타고 왔다갔다 하는 돈만 해도 얼마고! 그 돈 더 주고 가까운 데로 하면 되겠구만..."

"아...!"

순간 뿅망치로 관자놀이를 가격당한 기분이었다. 단순한 숫자놀음에 빠져 이 쉽고 단순한 생각을 못하고 있었다니... 어쨌거나 오늘은 일단 예약을 했으니 원래대로 체크인을 했다. 엄마는 먼저 방으로 올라가시고 나는 주인과 패러글라이딩 가격을 놓고 밀당을 시작했다.

"보통 패러글라이딩 하려면 200리라인데 우리는 숙소 손님들에게 마진없이 160리라에 해주고 있어."

"어제 묵었던 호텔에서 헥토르 추천해줬는데 자기네 팸플릿 보여주면 150리라에 할 수 있다고 했어."

사실 10% 할인이었지만 기싸움에서 앞서나가기 위해 150리라라고 뻥을 치며 선제공격을 날렸다.

"오... 싸네... 그럼 그곳에서 해."

"어...어???"

아니... 이게 뭐야!! 제법인데?

"음... 저기... 그냥 너도 150리라 맞춰주면 안 돼?"

"헤이 친구... 160리라는 노마진이라고! 노!마!진! OK? 그리고 이것만은 알아둬! 헥토르는 참 좋은 회사야. 하지만 그건 2~3년 전 이야기지. 지금의 헥토르는 그렇지 못해. 우리는 가장 높은 2,000m 고지에서 뛰어내린다고! 그리고 3~40분의 비행을 하는데 헥토르는 15분 정도밖에 하지 않아! 게다가 예전에는 산에 그냥 올라갔는데 지금은 입장료가 생겼지. 그 비용까지 포함해서 160리라! 비싸지 않아!"

영어를 잘 못하는 나도 쉽게 알아들을 만큼 또박또박 쉬운 영어로 설명해주는데 아... 나도 모르게 설득당해 버렸다. 특히 헥토르보다 비행시간이 길다는 데 완전히 넘어가서 160리라에 하는 것으로 이야기를 마무리하고 짐정리를 위해 숙소로 올라갔다.

숙소 내부는 최근에 리모델링을 했는지 그동안 묵었던 곳에 비해 가장 깔끔하고 세련된 모습이었다. 계속 후줄근한 여관 같은 곳에서 묵다가 그래도 좀 깔끔해 보이는 곳에서 묵으니 기분이 좋아지셨는지 엄마는 폰을 들고 실내사진을 막 찍고 계셨다. 그 와중에 내 귓속으로 들려온 엄마의 목소리.

"아이고 좋네... 고마 여기서 하루 더 묵었으면 좋겠다..."

그 말을 듣는 순간! 번쩍 떠오른 한 가지 아이디어가 주름진 뇌속을

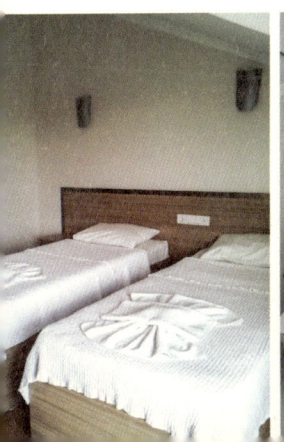

날씨가 쌀쌀해서인지 비키니 미녀는 찾아볼 수 없고 모피를 두른 견공들만 해수욕을 즐기고 있었다.

아주 개판이구만...(↑↑) 으르르르... 다시 한번 말해봐.. 뭔판?(↑)

파고들었다. 곧장 리셉션으로 내려가 주인에게 재대결을 신청했다.

"이봐, 우리 160에 계약했지. 여기서 보트투어까지 같이 해줄 테니 150 어때?"

"이봐 친구, 말했잖아. 노마진이라구…"

후훗… 예상대로 쉽게 넘어오진 않는다.

"그렇다면 이건 어때? 엄마랑 여기 하루 더 묵을테니 150에 해줘! 두 명이니까 300리라!"

아… 내가 생각해도 좋은 공격이다! 비수기라 어차피 우리가 나가면 방은 놀리게 될 터… 주인은 잠시 생각을 하더니 결국 백기를 들었고 흥정에 성공한 나는 금의환향하듯 엄마에게 승전보를 알렸다.

"엄마! 엄마! 하루 더 묵는 조건으로 패러글라이딩 150리라에 하기로 했어~."

"하루 더 묵기는 뭘 더 묵노? 퍼뜩퍼뜩 보고 다음 도시 이동해야지!"

"에… 엥????? 좀전에 분명 엄마 입으로 하루 더 묵고 싶다면서요."

"머라카노? 그냥 말이 그렇다는기지!"

"여자 마음 갈대라 카더만 와 자꾸 헷갈리게 말을 바꾸고 그래요."

"시간도 없는데 부지런히 댕기면서 한 곳이라도 더 봐야 될 거 아이가…"

"아 몰랑~ 암튼 벌써 이야기 끝났으니까 그런 줄 아세요."

이랬다저랬다 하는 엄마의 변덕 때문에 또다시 티격태격, 서로 감정

을 소모하다가 호텔 근처에 있는 해변으로 나갔다.

해변에는 아기자기한 식당부터 고급스러워 보이는 식당까지 카페와 레스토랑들이 즐비했지만 가격이나 분위기 등 이것저것 재다 보니 쉽사리 들어갈 수가 없었다. 또 다시 선택장애가 도진 것 같아서 선택권을 엄마에게로 슬쩍 넘겼다. 하지만...

이거 먹을까? 이건 이래서 별로~. 저거 먹을까? 저건 저래서 별로~ . 아... 그냥 딱 먹고 싶은 것을 이야기하시라구요!! 이리 왔다 저리 갔다 어딜 갈까 고민하는 사이 해는 지고 엄마는 입이 툭 튀어나온 채 투덜투덜 거리셨다.

"입은 또 뭣땜시 툭 튀나왔는교?"

"니는 늙은 할마시 끌고 댕기면서 밥도 안 묵이고 댕기나!!"

"허이고... 몇 번이나 물어볼 때는 다 싫다 카더만... 그래가 머가 묵고접은데요? 말해보이소!"

"랍스터!!!"

"......"

"랍스터 사줄끼가!!!"

"저기 어머님... 여기서 이러시면 안 됩니다. 여긴 유럽인들이 많이

페티예에서 맞이하는 일몰

오는 곳이라 터키에서도 물가가 비싼 편이니까요. 랍스터는 나중에 동남아 쪽 물가 싼 나라 가면 그때 사드리겠습니다."
"퍽이나..."
어영부영 하는 사이 해변은 한층 쌀쌀해졌다. 실내에서 먹을 수 있는 곳을 찾아 아무데나 들어가시라고 했더니 하필... 비닐하우스 처럼 실내 공간이 마련된 식당 옆에 붙어있는, 야외 테이블 밖에 없는 자그마한 가게로 들어가 버리셨다.
"춥다더니 왜 하필 여기로 들어왔어요?"
"어... 그... 옆에 가게랑 붙은 건줄 알았다..."
"으이구, 나갑시다. 추워서 밥이 넘어가겠나."
그때 식당종업원이 메뉴판을 들고 와서 반갑게 손님맞이를 했다.

"아이고 마 됐다. 이왕 들어온 거 그냥 묵자."

엄마는 옆에 서 있는 종업원 때문에 들어왔다가 그냥 나가는 게 미안했는지 그냥 계시기를 원하셨다. 뭔가... 이 상황은? 쓸데없이 체면 차리는 것은 우리 남자들의 모습인 줄 알았는데...

이어진 메뉴 선정에도 실패하는 바람에 추위에 떨면서 부실한 식사를 하게 되었다. 덕분에 숙소로 돌아갈 때까지도 서로 니탓내탓 하며 감정소모가 이어졌다. 어쩌면 머나먼 타국까지 여행와서 하나뿐인 어머니에게 근사한 식사 한 끼 대접 못해 가성비를 따지는 못난 스스로에게 화가 나서 심통을 부린 것은 아닌가 싶다. 어쨌거나 이렇게 싸웠을 때는 뭐니뭐니해도 과일이지... 근처 과일가게에서 체리를 한아름 사서 언제 싸웠냐는 듯 나눠 먹으며 숙소로 돌아왔다.

내일은 패러글라이딩을 해야 하는데 엄마는 아직까지 마음을 못 정하신 듯하다. 아무래도 연세가 있으시다 보니 하늘을 나는 것에 대하여 막연히 두려움을 느끼시는 듯...

"다 늙은 할매가 심장마비 걸리면 우짤라고!"

패러도 안 하고 열기구도 안 탄다고 말씀하시지만 엄마 인생 처음이자 마지막일 거라고, 이때 안 타면 언제 타보겠냐고 설득에 설득을 거듭해 겨우 OK사인을 받아내고 잠자리에 들 수 있었다.

아... 힘들어...

엄마
날다!

아침이 밝았다. 소풍 전날 한껏 들떠 잠 못 이룬 초딩처럼 두근대는 심장을 챙겨 호텔입구로 나갔다. 그동안 지각을 밥먹듯 했던 대중교통과 달리 미니버스는 약속한 7시 30분에 정확히 도착해서 욜루데니즈 해변으로 우리를 안내했다. 해변가에 있는 사무실에서 예약명단을 확인한 후 다시 미니버스에 올라 우리의 목적지인 바바산 정상을 향해 꼬불꼬불 산길을 헤쳐나갔다. 버스 안에는 신청자 수만큼 파일럿도 함께 탑승해서 올라가는 동안 자기소개를 하면서 1:1로 짝을 맞춘다. 영화배우 고창석 씨를 빼다박은 남자가 엄마의 비행파트너로 정해졌다. 엄마가 영어를 전혀 못 하시니 그 아저씨까지 내가 담당... 아니 그 아저씨가 나를 담당해서 주의사항을 알려주셨다.

9시가 좀 넘어서 산 정상에 도착했고, 파일럿들은 비행준비를 위해 분주히 움직이며 각자 맡은 고객들에게 주의사항을

바람을 기다리며 이륙준비를 한다.

엄마 날다!

알려준다.

"별 다른거 없고 그냥 걸으라면 걷고 뛰라면 뛰면 돼요."

"하이고 참말로 괜찮겠나?"

"걱정마라. 저기 저 서양할매 함 봐라. 엄마보다 열 살은 더 많아 보이는 데도 타잖아. 근데 엄마 선글라스는 우쨌는교?"

"가방에... 꺼내기 귀찮아서..."

"흠... 가방은 어디 있는교?"

"어? 가방??? 아이고 내 가방 어데 있노...???"

"그런 거는 내 안 닳아도 되는데... 자, 우선 이거 쓰이소."

조금 전 사무실에 가방을 두고 오신 것 같은데 우선 내 선글라스를 벗어 엄마 얼굴에 놓아드리고 이륙준비를 마무리했다.

정상에는 약 15팀 정도가 있었는데 여러 팀이 한꺼번에 하는 것이 아니라 한 팀 뛰고 나면 또 한 팀... 순서대로 날아올랐다.

엄마는 그렇게 안 한다고 버티시더니 막상 뛰어내릴 때가 되니 손가락으로 V자까지 그리면서 여유를 부리신다. 결국 시키면 다 하실 거면서. ㅎㅎ

그리고 내 차례...

"WALK and JUMP! OK?"

다시 한번 주의점을 이야기해주는 파일럿 아저씨.

걸으라고? 다들 뛰어가던데 난 왜 걸으라는 거지?

"WALK???"

"WALK!!!"

"WALK or RUN?"

"WALK!!!"

의구심에 다시 한번 재차 확인했지만 확실히 WALK 라고...

뭔가 찜찜했지만 어쨌든 내 목숨을 책임질 사람이니 믿음을 갖고 그의 출발신호를 기다렸다. 아저씨는 손을 들어 한동안 바람의 움직임을 체크하다가 때가 왔는지 내 등을 떠밀며 출발명령을 내렸다.

"WALK!! WALK!!"

그의 지시에 맞춰 평소 걸음 걷는 속도로 터벅터벅 걸어 나갔다. 세 걸음도 가지 못해 나를 매단 날개는 힘 없이 고꾸라졌다. 곧이어 이어지는 아저씨의 잔소리. 뭐가 문제냐고, 그런 식으로 하면 날 수 없다고 짜증나는 듯 어필을 한다.

"뭐 이런... 걸으라며!! 그래서 내가 물어봤잖아. 뛰냐고 걷냐고!!! 나한테 왜 그래!!"

...라고 대꾸하며 따지고 싶었지만 내 목숨이 이 자에게 달려 있다 생각하니 억울하지만 죄인이 될 수밖에 없었다. 다시 재정비를 마친 후 이번에는 보란 듯이 2,000m 아래 욜루데니즈 해변으로 몸을 날리는 데 성공했다.

뛰어내리는 것인지 날아오르는 것인지... 두 발이 지면으로부터 떨어

짐과 동시에 벅차오르던 감동은 이내 수그러들면서 그냥 무덤덤해졌다. 태어나서 처음 해보는 패러글라이딩은 그동안 막연하게 생각했었던 스릴 넘치는 익스트림 스포츠가 아니었다. 하늘을 날아다니는 만큼 적어도 놀이동산 롤러코스터보다는 스릴 넘치리라 생각했었는데 내가 직접 조종하지 않아서 그런 것일까? 막상 하늘에 몸을 띄워놓으니 너무나도 편안했다. 아... 바다 예쁘구나... 정도?

강한 바람 때문에 사진이나 제대로 찍을 수 있을까 싶었는데 바람 소리만 요란할 뿐 너무나도 평온했기에 사진을 찍는 데도 아무런 문제가 없었다.

저기 앞에서는 비명소리 같은 웃음소리가 들려온다. 젊은 여자를 태워서 그런지 저쪽 파일럿은 이리 빙글 저리 빙글 하늘에서 난리부르스를 치며 즐거운 비행을 하고 있다.

시작할 때 있었던 트러블 때문일까? 나를 태운 파일럿은 말 한마디 없이 조용히 비행만 한다. 나도 말 없이 사진만 찍다가 앞팀을 가리키며 직접 회전을 요구하고 나서야 한 바퀴 회전할 수 있었다.

무사히 착륙한 후에 기대만큼이나 큰 실망감을 안고 사무실로 돌아가 보니 다행히 엄마 가방은 그 자리에 그대로 놓여 있었다. 파일럿들은 분주하게 왔다갔다 하며 하늘에서 찍었던 영상과 사진을 노트북에 옮겨 자기 손님들에게 보여준다. 금액은 사진과 영상 각각 70리라씩... 비싸다. 둘 다 사는 가격이 비행 한 번 하는 가격에 맞먹는다. 조

스릴 넘쳐 보이지만... 무척 심심했던 패러글라이딩 (↑)
욜루데니즈 마을 위를 사뿐히 지나 무사히 착륙 (↓)

용한 비행의 이유를 가만 생각해보니 내가 카메라를 들고 패러에 임하는 것을 보고 '이놈은 사진을 안 사겠구나...' 라는 것을 직감했기 때문인 듯하다. 기대에 보답하기 위해 절대 사지 않겠다고 다짐했지만 문제는 엄마다. 필요 없다고 사지 말라고 말씀은 하시지만 그래도 평생 있을까 말까 한 경험이 될 텐데 사진이든 동영상이든 하나는 남겨드려야 할 것 같았다. 그래서 엄마께 살 테니 내 사진 한 장만 끼워달라고 옆에 있던 파일럿에게 은근슬쩍 딜을 했는데 단호하게 거절당했다. 오히려 사진과 동영상 합해서 100리라에 해주겠다며 역딜을 시도해오는데 나 역시 단호하게 거절했더니 정색하며 뒤도 돌아보지 않고 가버린다. 결국 70리라에 엄마의 동영상만 구매하고 나오려는데 뭔가가 찜찜한 기분과 함께 문득 숙소 주인의 말이 떠올라서 카메라를 켜고 사진정보를 살펴봤다. 거기에는 몇날 며칠 몇 시 몇 분에 촬영했는지 모두 기록이 된다. 비행을 시작할 때 찍은 사진과 비행이 끝나고 찍은 사진의 시간차가 약 15분밖에 되지 않았다.

이게 뭐야?

엄마를 태워줬던 파일럿을 붙잡고 물어봤다. 우리 숙소주인이 3~40분 정도 비행한다고 했는데 나는 왜 15분도 채 날지 못했냐고 따졌더니 그 파일럿 하는 말이 가관이었다.

"가서 그 사람에게 말해. 사실만을 이야기하라고!"

헐... 갑자기 뒤통수가 근질근질해지는 이 기분...

1~2. 바다 소품들로 인테리어 되어 있는 시장.　3. 죠스가 나타났다!

안 그래도 실망스러웠던 패러글라이딩이 더 실망스러워졌다. 재미있게 탔으면 됐다고 어깨를 토닥이는 엄마의 위로를 받으며 다시 페티예 시내로 돌아왔다. 곧장 숙소로 돌아가 따지고 싶었지만 아침 일찍부터 설쳤기 때문에 식사가 먼저였다.

어제 저녁이 좀 부실한 감이 있었으므로 점심은 맛있는 거 사드린다고 큰소리 치며 엄마를 모시고 간 곳은 페티예 피쉬마켓!

피쉬마켓에는 지중해 바다에서 낚아 올린 싱싱한 해산물이 잔뜩 진열되어 있다. 그 중 마음에 드는 놈들을 골라 주위에 있는 식당들 중 아무 곳이나 골라 들어가면 바로 요리를 해준다. 나는 원래 생선을 무척이나 싫어하지만 자주 있는 일도 아니고 엄마를 위해 눈 딱 감고 희생하기로 했다.
"내가 랍스터는 못 사줘도 새우는 사주께. 큰놈으로 골라보이소!"
새우 몇 마리와 도미 한 마리로 생색내기 식사를 마친 후 숙소로 돌아오니, 패러글라이딩은 잘하고 왔냐며 숙소주인이 인사를 건넨다. 뭐 사는 게 다 그런 거지… 배신감이 들었지만 더 이상 엮이기 싫어서 그냥 고개만 한번 끄덕여주고 방으로 올라가려는데 뒤통수에 날아와 꽂히는 한마디.
"보트투어는 어떻게 할 거야?"
음… 그냥 넘어가려다가 결국 섭섭함을 토로했다.
"너 어제 말했지? 헥토르는 1~20분 하는데 너네는 3~40분간 비행을 한다고. 기억나?"
"그런데? 뭐 문제 있어?"
"하지만 난 정확히 15분밖에 타지 못했어."
"왜?"
"나는 모르지. 어쨌든 걔들이 너한테 말해주래. 앞으로 진실만을 이야기하라고… 그리고 보트투어는 너무 늦어서 못할 것 같네…"
주인도 더 이상 다른 말은 없었고 그렇게 우리의 계약은 자연스럽게 파기되었다.
사실 페티예는 패러글라이딩도 유명하지만 작고 아름다운 섬들을 돌아볼 수 있는 보트투어도 유명하다. 다만 제대로 즐기기 위해서는 비취빛 바다에 몸도 좀 담그고 해야 하는데 수영복도 없고 방수 카메라도 없고... 무엇보다 호텔과의 거래에 더 이상 믿음이 가지 않아 포기했다.

잠시 숙소에서 숨을 고르며 페티예 주변의 가볼 만한 곳을 뒤적거리다가 페티예에서 약 4km 떨어져 있는, 유령도시라고 불리는 카야코이를 방문하기로 했다.

엄마
구르다!

돌무쉬를 타고 페티예 시내에서 한 번 환승을 한 후 카야코이에 도착했다. 유령도시답게 사람의 모습이라고는 엄마와 나 뿐이었는데 비수기 평일이라 한층 더 조용한 느낌이다.

먼 옛날 이곳에는 그리스인들이 살았다. 1923년에 터키 독립전쟁이 끝나고 나서 그리스에 살던 터키인과 터키에 살던 그리스인 간의 대규모 인구교환이 이루어지면서 이곳은 텅 비게 되었다. 1980년대에는 이 마을을 개발해서 휴양도시로 만들려는 세력들이 넘쳤지만 예

유령마을 카야코이. 비오는 날 오면 제대로 느낌 날 듯!

술가와 건축가들의 반대에 힘입어 이곳을 역사유적지로 지정, 보존하기로 결정했다고 한다.

햇살은 뜨거웠지만 중간중간 예배당처럼 보이는 빈 건물들이 있어서 쉬엄쉬엄 다니기 좋았다. 딱 하나! 엄마의 간섭만 빼면...

이거 봐라 저거 봐라, 이거 찍어라 저거 찍어라... 시종일관 간섭하는 엄마의 잔소리를 피해 한참 앞서 걸으며 마을을 구경하고 있는데,

"흐갸!! 우당탕!! 철퍽!!"

엄마의 비명소리와 함께 둔탁한 소리가 고요한 유령마을에 울려 퍼졌다. 깜짝 놀라 뒤돌아보니 엄마는 비탈진 내리막 돌계단 바닥에 납작 엎드린 채 꼼짝도 못하고 신음하고 계셨다.

길이 썩 좋은 편은 아니었지만 크게 가파르지도 않았고, 엉성하긴 했지만 계단까지 있었기에 위험할 거란 생각은 조금도 하지 않았었다. 여행 전 등산을 자주 하시며 나보다 더 체력관리를 하셨던지라 정말 눈곱만큼도 걱정하지 않았었는데... 순간 정신이 육신을 빠져나가려는 것을 재빨리 움켜잡고 엄마에게 달려갔다.

"아이고 내가 마!!... 참 나!!... 고마 조심 쫌 하지!!..."

다급한 마음에 말도 제대로 못하며 엄마를 일으켜보려고 했지만 엄마는 내 손을 마다하고 그저 내 발목만 붙들고 말없이 엎드려 계셨다.

'아... 여기서 여행이 끝나는구나. 당장 어떻게 돌아가나...'

'외국에서 다치면 병원비도 엄청 들어간다던데...'

'여행자보험 처리하려면 뭐부터 해야 하나…'
'으아아아아 안 돼!!!!!!'
짧은 순간 수많은 생각들이 머릿속을 헤집고 다녔다. 그런데 꼼짝 않고 엎드려 있던 엄마는 잠시 후 말없이 일어나 옷을 털고 주섬주섬 옷매무새를 고치셨다. 발목을 이리저리 돌려보고 어깨도 이리저리 돌리며 대충 몸 상태를 점검하시더니,
"관절이나 뼈는 이상 없는 갑네."
"인대는? 어디 땡기는 데 없나?"
"어… 괜찮네… 아이고 놀래라… 십년감수했네…"
계단을 내려오시다가 작은 돌멩이를 밟으시는 바람에 그대로 미끄러졌다고 하시는데 미세한 찰과상 이외에 별다른 이상은 없어 보였다.
"조심 좀 하지, 얼매나 놀랬는 줄 아나!"
"하이고 마 부처님이 도왔네 도왔어. 관세음보살~."
나는 무신론자다. 사람 간 떨어지게 해놓고서는 태연하게 부처님 덕분이라니… 괜히 울컥해서 정작 가장 놀랐을 엄마에게 호되게 야단을 쳐버렸다.
"부처님이 보살폈으면 애초에 넘어지지도 않았다!! 그라고 남의 나라 와서 무신 관세음보살이고. 돌봤어도 알라신이 돌봤지 왜 부처님이 공을 가로채는데!!! 말도 안 되는 소리 하지 말고 제발 좀 조심 좀 합시다 쫌!! 쫌!!! 쫌!!!! 아… 진짜 진짜…. 첨에 못 일어나는 거 보고 내가

잠시 놀란 가슴 진정시킬 겸 빈 건물 안에 들어가 앉아 휴식...
아직도 터키에서 볼 것이 얼마나 많은데
이대로 끝나는 줄 알고 얼마나 마음을 졸였는지...

얼마나 놀랐는지 아나?"
"미안... 엄마도 첨엔 놀래가 정신없어 못 일어나겠더라."
"이렇게 멀쩡할 줄 알았으면 바닥에 널브러진 모습 인증샷이라도 찍어둘걸 그랬네..."
"다시 엎드릴까?"
"……"

유령도시를 빠져나와 페티에 시내로 돌아가는 돌무쉬에 올라탔다. 다른 상처는 없는지 한번 더 엄마의 팔다리를 훑어보면서 많은 생각을 했다. 정말 큰일이라도 났었다면 내가 뭘 할 수 있었을지, 어떻게 해야 했을지... 상상만 해도 머리가 아프고 앞이 캄캄해진다.

돌무쉬 정류장 앞에서 괴즐레메를 빚고 있던 아주머니

페티예로 돌아와서는 텔메소스의 옛 흔적을 찾아 이동했다.

텔메소스(Telmessos)는 페티예의 옛이름이다. 신화에 따르면, 태양의 신 아폴론이 피니케의 공주를 흠모했는데, 부끄럼쟁이였던 공주가 계속 그를 피해 다니자 예쁜 강아지로 변신해 접근을 시도, 결국 그녀가 자신을 사랑하도록 만드는데 성공했다. 둘 사이에서 태어난 아들이 바로 텔메소스다. 여기서 우리가 배울 수 있는 중요한 교훈은 예나 지금이나 여자를 꼬실 때는 역시 강아지가 최고라는 것이다.

어쨌든 텔메소스라 불리던 도시 이름은 오랜 세월이 흐르면서 몇 차례의 개명 끝에 현재는 터키 최초의 비행사 페티베이를 기념하기 위해 페티예로 정했다고 한다.

1. 도시 이름 공모전 1위 (古 페티베이 / 피일컷)
2. 터키에서는 제대로 된 화분보다 재활용 화분이 더 많은 듯.

목적지인 텔메소스 석굴무덤을 찾아가는 것은 그리 어렵지 않았다. 높은 지대의 산비탈에 부조형식으로 만들어진 건축물이라 오르막을 찾아가다 보면 쉽게 눈에 들어온다. 그런데 석굴무덤을 돌아보면서 시골길을 걷던 중 또 다시 엄마의 고질병이 도지기 시작했다. 맞은편 산등성이에서 한 남자가 카메라를 들고 내려오는 것을 보신 것이다.

"저 봐라 저 봐라. 저 사람도 사진작가인갑다. 니도 빨리 저기 올라가서 찍어라."

"아 글쎄, 카메라 들고 다닌다고 다 작가가 아니라니까!"

"작가 맞다카이~. 저 봐라 저 봐라 염소다 염소!"

멀어서 희미하게 보였지만 그 남자가 떠나온 곳에는 염소 몇 마리가 뛰어놀고 있었다. 그가 뭘 찍었는지는 궁금하지 않았지만 염소구경이 하고 싶어졌다. 그냥 가면 괜히 1패를 하는 것 같아 싫은 티를 팍팍 내면서 엄마 때문에 마지 못해 가주는 척 메소드연기를 하며 발걸음을 옮겼다.

"또 자빠지지 말고 꼭 잡아래이!"

엄마에게 손을 내밀며 조심할 것을 당부 또 당부하며 산등성이에 올라섰다. 그곳에는 염소들의 대장으로 보이는 한 녀석만 발목이 묶인 채 풀을 뜯고 있었고 나머지 염소들은 자유롭게 돌아다니고 있었다. 이 곳저곳 풀 좀 씹는 염소들을 찾아 한발 한발 돌산을 오르다 보니 어느새 발 아래로 멋진 페티예 도시 전경이 펼쳐졌다.

동양인 처음 보냥?

이번에는 엄마의 선택을 인정하지 않을 수 없었다.

"오... 멋져멋져!!! 올라오길 잘 했다!"

"거 봐라. 엄마가 머라카더노. 그 사람 작가 맞다캤제?"

"아이고 또 한번 이겼다고 신나셨네... 그렇다고 저 사람이 작가인지 아닌지는 알 수 없지. 여기 와서 사진 찍는다고 다 작가면 엄마도 오늘부터 작가라 불러주까요?"

"아이고 엄마가 딱 보면 안다. 작가맞다카이!"

칭찬은 고래도 춤추게 한다지만 고래가 계속 춤추면 주변 고기들은 무척 피곤해진다. 엄마에게 칭찬을 아껴야겠다.

멋진 풍경에 빠져 사진을 찍고 있다 보니 그 모습이 신기했는지 새끼염소 한 마리가 우리를 지켜보고 있었다. 잠시 후 다른 염소 한 마리가 다가와 마치 엄마가 자식을 어루만지듯 작은 염소를 핥아주었다. 뜬금없이 염소에게 감정이 이입되어 엄마 손을 잡아끌었다.

"엄마도 얼른 이쪽으로 오이소! 같이 사진 한 장 찍읍시다."

"니 혼자 찍어라. 늙은 할마시하고 찍어가 머할라꼬!"

"곱기만 하구만. 그냥 오이소 쫌!"

"아이고 그래도 아들 덕분에 좋은 구경 잘 한다. 패키지 오면 이런데 우째 볼 수 있겠노 그자?"

"그건 그렇고 물이나 좀 주이소. 목 좀 축입시다."

한바탕 돌산을 올랐더니 삐질삐질 나는 땀과 함께 갈증이 찾아왔다.

Fethiye

"물 아까 니 가방 안에 넣어놨다."

목을 축이기 위해 가방을 열고 물통을 꺼냈다.

아이고... 땀이 나서 등이 축축했던 게 아니었구나...

갈라진 물통은 내 목 대신 가방 안의 소지품들을 축축하게 축이고 있었다. 다행히 큰 피해는 없었지만 다시는 가방속에 물을 넣지 않아야겠다는 소소한 교훈을 얻었다.

1. 짱구는 못말리지만 돈은 꼭 말려야지!
2. 건물 지붕에 빼곡하게 들어선 안테나들이 환공포증을 불러일으킨다. 징글징글...

Antalya
안 탈 리 아

비지떡은 싸다
죽지 않는 노병

비지떡은
싸다

여행 8일차... 오늘은 기암괴석의 대지! 터키여행의 백미라 불리는 카파도키아 지역으로 가려고 했으나... 페티예에서 카파도키아 괴레메까지는 대략 730km 거리의 머나먼 여정이다. 장장 열두 시간 동안 좁은 버스를 타고 이동해야 하는데 아침에 출발하면 하루를 그냥 날려버리게 된다. 그래서 페티예에서 약 세 시간 거리에 있는 안탈리아로 이동했다. 안탈리아에서 낮시간을 보내고 저녁에 야간버스를 타고 이동하면 오늘 일정도 좀 벌면서 카파도키아까지의 버스 탑승시간도 단축시킬수 있기 때문이다.

안탈리아 오토갈에 도착해서 제일 먼저 카파도키아로 가는 야간버스를 예매하고 짐보관소에 짐을 맡긴 후 가벼운 차림으로 구 시가지로 이동했다. 시내버스를 타고 구 시가지의 중심이라 할 수 있는 춤후리예트광장에 내려 눈치껏 사람들의 흐름을 따라 해변쪽으로 이동했다. 제일 먼저 맞닥뜨린 것은 항구 선착장에 둥둥 떠 있는 크고 작은 배들, 그리고 그 앞에서 자신들의 배에 태우기 위해 열심히 호객행위를 하고 있는 호객꾼들이었다.

이동하는 내내 정신사납게 칭얼대더니
결국 엄마를 넉다운 시켜버린 아이

"니 하오! 곤니찌와! 안뇽하쉐요!"
우리가 고개를 가로저을 때마다 다음 나라로 넘어가는, 이제는 제법 익숙해져버린 인사 콤보를 애써 외면하며 그들 사이를 헤쳐 나가던 중 나이든 호객꾼 한 명과 눈이 마주쳤다. 대부분의 호객꾼들이 젊은 사람이었지만 이 아저씨는 왜소한 덩치에 깊게 패인 주름과 희끗희끗한 모발이 세월의 풍파를 정면으로 맞은 듯 보였다.
알 수 없는 포스에 잠시 주춤한 사이 아저씨는 우리를 향해 다섯 손가락을 힘차게 펴며 "5리라!!!"를 외쳤다.

유람선이 빽빽하게 들어선 해안가

배를 탈 생각은 전혀 없었지만 페티예에서의 보트투어보다 훨씬 저렴한 가격에 아주 잠시 갈등을 했고, 그 찰나의 순간 내 눈동자의 미세한 흔들림을 놓치지 않았던 아저씨는 엄마와 나를 배 쪽으로 몰았다. 페티예에서 보트투어를 못했기 때문에 조금이나마 위안을 삼고자 배에 올라탔다. 15~20명의 인원이 차야 출발하므로 여기서도 빈익빈 부익부, 조금이라도 먼저 손님을 잡아끄는 쪽이 추가 손님도 더 수월하게 받을 수 있다.

우릴 낚은 아저씨

사진을 찍으러 높은 곳에 올라가야 하는 이유

우리 모자의 승선에 힘입어 아저씨는 더욱더 목청껏 호객을 했고 약 10분 후 배는 출발할 수 있었다.

역시나 옛말은 틀리지 않았다. 비지떡이 싸다고 하는 것은 다 이유가 있는 법.

우리가 탄 배는 약 40여 분간 항해하는 배였고 항구 근처의 자그마한 폭포를 살짝 지나쳐간 것을 제외하면 볼것 없는 망망대해를 둥둥 떠 다니는 것이 전부였다. 해안가 언저리 위주로 딱 5리라만큼 구경한 듯...

안구정화에는 실패했지만 시원한 바닷바람으로 코털의 나부낌을 느끼는 것으로 만족하고 배에서 내렸다. 구 시가지의 이곳저곳을 좀 더 둘러보고 나서 식사도 할 겸 다시 춤후리예트광장으로 나와 보니 몇 시간 전까지만 해도 한산했던 광장에 많은 사람들이 모여 있었다. 군중 한가운데서 노란 헬멧을 쓰고있는 한 남자가 사람들을 향해 뭐라 뭐라 큰 소리로 연설을 하고 있었다.

"이야... 우리 오늘 운 좋네... 여기서 공연하나 봐."

1. 로마황제였던 하드리아누스의 안탈리아 방문을 기념하기 위해 건설한 황제의 문
2. 케식 미나레 내부
3. 보드게임(?)중이신 동네어르신들
4. 새신랑과 새신부

"무슨 공연?"

"딱 보면 모르겠나. 비보이들 나와서 춤추는 거잖아. 헬멧 쓴 거 보면 좀 있다가 바닥에서 머리로 빙빙 돌고 그러겠지."

그런데 헬멧을 쓴 남자는 공연을 시작할 생각은 하지 않고 한참이 지나도록 주변 사람들에게 목이 터져라 무엇인가 외치고만 있었다.

10분 이상 멍하니 알아 듣지 못할 소리를 들으며 언제 시작하나 기다리다가 비로소 우리가 번지수를 잘못 찾았음을 깨달았다. 데모현장에서 헤드스핀을 기대하고 있었으니... 남자가 쓰고 있던 헬멧은 그저 노동자를 대표하는 공사판 안전모였던 것이다.

춤후리예트광장에서 만난 것은?

뭔지는 모르겠지만 꼭 이기길...

Antalya

죽지 않는
노병

시위 현장을 뒤로하고 또 다시 어려운 선택의 순간. 이번엔 무엇을 먹어야 하나. 엄마의 의사를 물어보니 버스시간 늦지 않게 간단하게 먹을 수 있는 곳으로 가자고 하시는데 마침 눈앞에 맥도날드가 보였다. 무료 와이파이와 무료 화장실, 그리고 콘센트까지… 가난한 배낭여행자들의 한줄기 빛이 되어주는 맥도날드!

간단하게 햄버거로 식사를 마치고 화장실에 가신 엄마를 기다리며 서성이고 있는데 누군가가 뒤에서 내 어깨를 두드렸다.

조심스럽게 뒤로 향한 내 시선의 끝에는 거동이 조금 느린, 그리고 몹시 왜소하며 한눈에 보기에도 무척 연로하신 할아버지 한 분이 지팡이를 짚고 서 계셨다.

"코레(KOREA)?"

한참이나 더 큰 나를 빤히 올려다보면서 탁한 목소리로 나지막이 물어보시는 할아버지에게 웃으며 그렇다고 고개를 끄덕였다. 할아버지는 말없이 주섬주섬 양복 안주머니를 뒤지시더니 반짝이는 무엇인가를 손바닥 위에 올려놓으셨다. 알아듣지 못할 터키어로 뭔가를 이야

안탈리아의 랜드마크인 돌시계탑 사아트 칼레시   하루에도 몇번씩 기도를 위해 자미를 찾는 사람들

기하시는데 딱 봐도 그것은 참전용사의 징표였다. 할아버지는 6.25때 우리나라를 위해 목숨 바쳐 싸웠던 파견 용병이셨던 것이다.

우리 형이 몇년 전 터키를 여행할 때 만났던 사람들 중에 자신의 형이 6.25에 참전했었다면서 이런저런 호의를 베풀었다는 이야기를 들은 적이 있었다. 그래서 나 역시 그런 인연을 만난다면 함께 기념사진이라도 찍어야겠다고 생각을 하고 있었는데 막상 장본인을 만나고 나니 아무것도 할 수 없었다.

만리타향에서 생판 모르는 남의 나라, 남의 국민을 위해 목숨 바쳐 싸우셨을 할아버지를 마주하며 하얗게 센 머리카락과 깊게 패인 주름을 보고 있자니 순간 가슴이 먹먹해져 사진이고 뭐고 그저 몇 번이나 감사하다고 고개 숙여 인사를 하게 되었다. 카메라에 전원을 넣는 것 만으로도 할아버지께 큰 결례를 범하는 것 같았기 때문이다.

할아버지는 훈장을 주섬주섬 챙겨 넣으시더니 말 없이 내 어깨를 가볍게 툭툭 두드려주시고 밖으로 나가셨다. 울컥하는 마음을 애써 진정하며 주위를 둘러보니 이 상황을 지켜보던 매장 직원들도 흐뭇한 표정을 지으며 나를 쳐다보고 있었다.

6.25 당시 터키는 미국, 영국, 캐나다에 이어 네 번째로 많은 병력을 투입했는데, 대부분이 자발적 참여였다고 한다. 형제의 나라를 도와야 한다는 단순한 이유였다. 다시 한번 이 지면을 빌려 이 땅에서 피 흘리며 싸웠던 그들의 희생에 경의를 표한다.

Cappadocia
카 파 도 키 아

강행군 | 가이드는 거들 뿐 | 풍선은 사람을 싣고~ | 위르굽 전망대에서 토요장터까지 | 어머님 손에 디카 한 대 놔 드려야겠어요 | 도자기 마을과 스머프 마을 | 뜻밖의 히치하이킹

강행군

"덜컹덜컹!" 흔들리는 버스에 몸을 싣고 괴레메로 향한 지 몇 시간이나 지났을까, 온몸이 굳고 있는 듯하다. 다행히 승객이 얼마 없어 체구가 작은 엄마는 의자 두 개에 쪼그려 누우실 수 있었다. 160도 안 되는 저 작은 몸에서 어쩌다가 187의 이런 롱디자인이 나왔는지 모르겠지만 비행기든 기차든 버스든 다리도 제대로 못 펴는 건 아주 곤욕이다. 삐딱하게 기대 창밖을 보며 잠을 갈망하고 있는데 여기저기서 뭔가 두둥실 떠오르기 시작했다. 카파도키아의 대표적인 관광상품인 열기구였다. 황급히 엄마를 깨워 그 모습을 감상했다. 내일이면 우리도 저 열기구에 몸을 싣고 하늘 위를 떠다니리라. 거대한 풍선만큼이나 내 마음도 부풀어 올랐다.

기암괴석으로 유명한 카파도키아 지역에는 동굴을 개조한 숙소들이 많다. 하지만 우리가 묵게 될 숙소는 TV프로그램에도 소개된 적이 있을 만큼 나름 유명한 한인민박집이다. 개인적으로는 해외여행시 한인민박을 크게 선호하지 않는 편인데 그럼에도 불구하고 한인민박을 선택한 이유는 엄마 때문이다. 며칠 전 잠시 그늘에 앉아 쉬고 있을 때 엄마 또래의 한국인 관광객과 잠시 조우했는데 그동안 말이 별로 없으셨던 엄마가 처음 보는 아줌마랑 어찌나 반갑게 수다를 떠시는지… 그러고 보니 나는 여행을 하며 좋든 싫든 사람들과 부딪치며 소통을 해야 했지만 엄마는 나 말고는 따로 누군가와 소통할 기회가 거의 없었을 것이다. 여행의 절반쯤 해당하는 지금 시점에서 엄마에게 잠시 정신적, 문화적, 언어적 휴식을 드리고자 급하게 한인민박을 선택했던 것이다.

버스에서 내려 숙소에 도착하니 6시가 조금 넘었다. 너무 일찍 도착해 아무도 없는 리셉션에서 추위에 떨며 오픈을 기다렸다. 체크인하면서 카파도키아에서 할 수 있는 각종 투어에 관한 안내를 받고 제일 먼저 벌룬(열기구)투어를 예약하려고 하니 사장님이 화들짝 놀라면서 쳐다본다.

숙소 치안담당 시드니와 함께

이번 주말이 터키의 황금연휴 기간이라 자리가 안 남아 있다고 했다. 관광객들뿐 아니라 터키 현지인들도 이곳저곳 놀러 다니기 때문에 투어는 둘째치고 당장 내일 숙박도 여의치 않은 상황이라고 했다. 이런 낭패가! 잠이야 아무데서나 자면 되는데 열기구는 절대 놓칠 수 없다. 우리보다 며칠 일찍 터키에 온 형수님은 카파도키아에 머무는 사흘 내내 악천후 때문에 열기구를 못 타고 돌아오셨다. 우리 집안의 명예를 걸고 반드시 열기구를 타리라 마음먹고 있었는데 이럴 수가... 혹시 결원이 생길 수도 있으니 일단 자리가 생기는 대로 알려달라고 당부한 후 오늘의 투어스케줄을 살펴보았다.

카파도키아 지역이 워낙 넓다 보니 렌트카를 이용하지 않는 이상은 대부분 숙소나 여행사에서 진행하는 투어프로그램을 이용한다. 벌룬투어, 그린투어, 레드투어, 로즈투어, ATV투어 등 지역, 코스, 방법에 따라 다양한 투어가 준비되어 있는데 우리는 지금 당장 시작할 수 있다는 그린투어를 신청하고 방으로 올라가 짐을 풀었다. 우리가 묵을 방은 6인실 도미토리룸으로, 남녀 룸이 따로 구분되어 있다. 다른 숙소였다면 영어를 못하시는 엄마 때문에 따로 떨어지기 곤란했겠지만 여기는 한인민박인 데다 손님들도 대부분 한국인이라 마음이 놓였다. 밤새 야간버스에서 뒤척였기 때문에 마음 같아선 그대로 침대에 뻗고 싶었지만 어느새 방문을 두드리며 내려가자고 닦달하는 엄마. 한국아줌마의 정신력은 실로 무섭다.

가이드는
거들 뿐

9시 반이 되자 숙소 앞으로 미니버스가 도착했고, 오늘 하루 우리의 그린투어를 책임질 가이드가 내렸다. 가이드는 영어와 한국어 중 선택할 수 있는데 한국어 가이드가 조금 더 비싸다. 엄마를 위해 한국어 가이드를 신청했건만 막상 버스에서 내린 가이드는 개구지게 생긴 터키총각이었다. 한국에서 공부한 적이 있는 유학파 가이드라고 자신을 소개한 그는 어눌한 발음 덕분에 더 귀 기울여 듣게 만드는 아이러니한 능력을 소유하고 있었다.

투어의 순서는 그때그때 상황에 따라 바뀌는데, 우리는 데린쿠유 지하도시를 먼저 방문했다. 카파도키아에는 서로 연결된 약 200개의 지하도시가 있다고 추정된다. 일반인에게 공개된 도시는 데린쿠유와 카이막클르 등 몇 군데밖에 없다고 한다. 유네스코 세계문화유산으로도 등록된 데린쿠유는 기원전 7~8세기에 만들어진 것으로 알려져 있다. 약 5~10세기에 기독교인들이 이슬람의 탄압을 피해 이곳에 터를 잡으면서부터 현재 모습의 지하도시로 크게 발전했다고 한다.

나는 예전에 이탈리아 오르비에토에서 잔뜩 기대했던 지하도시에 대

데린쿠유 지하도시 입구

실망한 경험이 있는지라 지하도시에 대한 환상 따위는 없었다. 다만 지하로 내려가면 시원하다는 것만이 유일한 장점이랄까... 게다가 여러 개의 수직갱을 통해 통풍시설도 완벽하게 되어 있기 때문에 수십 미터 지하 깊은 곳으로 들어가도 전혀 습하지 않고 쾌적하다.

규모가 큰 만큼 내부가 굉장히 복잡해서 가이드 없이는 관람이 안 된다고 하는데, 막상 내려가 보니 딱히 길을 잃을 염려는 없을 것 같았다. 곳곳에 조명이 환하게 빛나고 있었고 혹시라도 길을 잃었을 때는 무조건 위쪽으로 이동하면 되지 않을까? 하긴... 나 같은 생각을 하는 애들이 몇 번이나 길을 잃었으니 그런 정책이 마련되었을 터... ㅎㅎ

단단한 바위와 땅을 파헤쳐서 이런 도시를 만들어내다니 절박한 상황에 닥쳤을 때 발휘되는, 한계를 모르는 인간의 위대함에 엄마는 감동과 감탄을 금치 못하신다. 거기서 그쳤으면 좋았을 텐데 엄마는 당신이 느끼시는 감동을 자꾸만 나에게 강요하신다.

"하이고야... 참말로 그 옛날에 우째 이런걸 만들있겠노 그자? 옛날에 장비도 없었을낀데 이 많은 돌들을 우째 파냈겠노..."

"신기할 것도 많다. 팔만 하니까 팠겠지. 이 지방이 옛날에 화산재로 형성된 지형이라서 대충 파도 잘 파지겠구만 머 그래 호들갑이고..." 그냥 "예 맞습니다!" 하고 끝내면 될 것을 옛 사람들의 노고를 깎아내리면서까지 괜스레 삐딱선을 타고 있는 나도 참 문제다. 이놈의 성질머리하곤... 그리고 이 사람들도 겉으로 알라짱! 몇번 외쳐주고 마음 속으로만 자기 종교를 굳게 믿었으면 될 것을 무슨 부귀영화 누리겠다고 이렇게나 힘들게 살았던 것인지...

지하도시를 빠져나와 한 시간 반 정도 달려 두 번째 투어장소인 으흐랄라 계곡에 도착했다. 길이 약 12km, 깊이 약 80m로 웅장하게 펼쳐져 있는 으흐랄라 계곡은 한때 비잔틴 수도사들의 휴양지로 각광받았다. 하지만 좋은 시절은 거기까지... 이슬람이 권력을 잡고부터는

나귀 뒤로 저 멀리 보이는 눈 덮인 하산 산은 수천 년 전 화산폭발로
카파도키아의 기암괴석을 만드는 데에 일조했다고 한다.
으흐랄라 계곡 (↓)

쫓기는 신세가 되어 절벽 아래쪽에 동굴을 파고 은둔생활을 해야 했다. 동굴 안에 있는 교회 내부에는 다양한 프레스코화들이 있는데 자세히 보면 사람들의 눈 부분이 모두 뻐끔하게 파헤쳐져 있다. 아마도 눈을 제거하면 영혼도 함께 제거된다고 믿었기 때문일 것이다.

"아이고... 눈까리를 고마 다 파헤쳐놨네. 무서버라... 이런 거 보면 야들도 참말 지독하다 그자?"

"아냐... 그냥 그림만 다 지우라고 위에서 시켰는데 공무원들이 일하기 귀찮으니까 눈만 파내면 영혼도 없어진다카면서 윗사람을 속였을 거야. 자기들 편할라고..."

동굴교회를 빠져나와서 점심식사가 예약되어 있는 식당까지 산책로를 따라 걸었다. 길을 따라 걷는 내내 펼쳐지는 절벽 풍경들을 보며 감탄하는 것도 처음 몇 분... 더운 날씨에 어서 빨리 이 길이 끝나기만을 바라는 나와는 달리 엄마는 시종일관 콧노래를 으흘으흘~ 흥얼거리며 으흐랄라 계곡을 헤쳐 나가셨다.

그런데 걸어 다니는 내내 나무에서 물방울 같은 것이 떨어졌다. 한두 번은 착각인가 싶었는데 자세히 보니 나뭇가지 중간중간에 게거품 같은 것이 맺혀 있었고, 이런 가지가 곳곳에서 부글거리며 지상으로 물방울을 뚝뚝 떨어뜨리고 있었다. 나 말고도 물방울 맞은 사람이 많았다. 가이드에게 물어봤지만 잘 모르는 눈치다.

"음, 이슬인카? (이슬인가?)"

"시간이 몇신데 이슬이 아직 안 마르고 있어요…"
"엄, 어쭤 쥐녀케 눼린 피인카? (어제 저녁에 내린 비인가?)"
"요 며칠 비온 적 없는데…"
"음~ 구로타폰 저거눈 비둘기 침이예요우~. (음~ 그렇다면 저것은 비둘기 침이에요~)"

부글부글

나중에 인터넷으로 검색해본 결과 거품의 정체는 거품벌레라고 하는 녀석의 소행이었다. 비둘기 침이라니… 그동안 이 사람을 따라다니며 들었던 설명들을 곧이 곧대로 믿어도 될지 의구심이 드는 대답이다. 그래서 난 여행지에서 가이드의 설명을 전부 다 신뢰하지 않는다.

트래킹을 마치고 점심식사를 한 후 다음 목적지인 셀리메 수도원으로 이동하던 중간에 가이드는 전망 좋은 곳이 있다고 하면서 우릴 잠시 내려줬다. 차에서 내리자마자 사람들이 카메라를 손에 들고 빙글빙글 돌기 시작하는데 "촤라라라라라라락~. 촤라라라라라락~" 하며 그들의 손에서 들려오는 파노라마 촬영 소리에 디지털 기술의 발전을 새삼 느껴본다. 그리고 분위기에 편승해 나 역시 똑같은 그저그런 사진 하나를 만들어낸다. 세상에 둘도 없는 기상천외한 풍경이 이곳에

서는 고개만 돌리면 쉽게 펼쳐진다. 이 멋진 곳을 배경으로 엄마 사진을 한 장 찍어드리려고 했는데 얼굴 탄다고 덮어쓰신 넓은 창모자에 커다란 선글라스가 거슬렸다.
"아, 한국 아지매 티내는 것도 아니고 그기 뭐꼬! 그래 있으면 누군지 우예 알아묵노! 눈, 코, 입은 좀 봅시다…"
엄마는 내 말대로 선글라스를 벗어 모자위에 올리셨다.
"자 찍습니다. 하나 두울."
'휘잉~~~.'
순간 힘찬 바람과 함께 모자는 하늘로 솟구쳤고 모자위에 힘없이 얹혀 있던 엄마의 선글라스는 차디찬 카파도키아의 대지를 향해 몸을 던졌다.
'툭! 틱! 타닥!'
잠시 정적이 흘렀고 엄마의 입술이 파르르 떨리면서 나를 질책하는

말이 튀어나오려는 순간!
"아, 그러니까 폼 잡으러 관광 다니는 것도 아니고 이런 배낭여행 할 때는 싸구려 들고 댕기야 된다고 내가 몇 번을 말했어요... 내 말 안 들으니까 비싼거 버리는기라!"
선제공격을 날리며 물타기를 시도했다. 잔뜩 긁혀 흠집이 난 엄마의 선글라스를 보니 문득 2년 전 자전거 유럽여행을 갔을 때가 떠올랐다. 면세점에서 따끈따끈한 신상 선글라스를 손에 넣은 지 24시간도 채 지나기 전에 바닥에 떨어뜨려 흠집을 내버렸었는데... 자전모전...
잠시 후 우리는 셀리메 수도원 앞에 도착했다. 이곳 역시 지하도시처럼 살기 위해 어쩔 수 없이 자연과 동화된 생존의 현장이다.
으흐랄라 계곡과 셀리메 수도원은 다른 무엇보다도 영화 스타워즈를 만들 때 감독이 이곳을 보고 영감을 얻었다고 한다. 그래서 잔뜩 기대하고 왔는데 가이드는 입구에서 이곳저곳을 가리키며 간단한 설명을

해주더니 고작 20분 가량의 자유시간을 주며 구경하라고 했다. 별 관심없던 지하도시는 오래 돌아다니고 정작 내가 관심있는 곳은 겉만 핥고 와야 하다니... 이래서 단체로 움직여야 하는 투어를 별로 좋아하지 않는다. 느긋하게 구경할 수 없다 보니 괜히 마음은 조급해지는데 그렇다고 험한 지형 때문에 천천히 숨을 고르며 올라오고 계신 엄마를 두고 다닐 수도 없어 나 역시 그냥 영감만 받아가는 걸로 만족하고 높은 곳까지 올라가는 것은 포기했다.

시간에 쫓겨 보는 둥 마는 둥 하다가 다음으로 이동한 곳은 내가 상상도 못했던 곳이었다. 터키의 대표적인 전통먹거리... 바로 터키쉬 딜라이트라고도 불리는 로쿰 가게였다. 이럴 수가... 동남아 관광패키지에서나 볼 수 있는 쇼핑항목이 들어 있을 줄이야. 여기서 쇼핑이나 하려고 셀리메에서 쫓기듯 달려왔다는 것이 너무 짜증이 나서 진열된 물건들은 쳐다보지도 않고 밖으로 나와 차에 올라탔다.

쇼핑이 끝나고 그린투어의 마지막 코스인 괴레메 파노라마를 본 후 숙소로 돌아올 때까지도 기분이 풀리지 않았다.

투덜거리며 숙소 리셉션으로 들어가자 사장님이 손을 흔들며 나를 불렀다. 거기에는 꿀꿀해진 기분을 반전시키는 반가운 소식이 기다리고 있었다. 자리가 없다던 벌룬투어에 극적으로 자리가 났다고 한다. 다만 벌룬투어는 파일럿의 경력, 이륙위치, 운행시간 등에 따라 회사별로 12만원, 15만원, 20만원의 등급 차이가 있는데 우리는 펑크난 자리를 얻는 것이다 보니 선택의 여지가 없었다. 만약 20만원짜리만 남아있다고 했다면 자리가 많은데도 비싼 것을 팔기 위한 전형적인 상술이라는 느낌을 받았을텐데 다행히 15만원짜리가 비었다고 해서 묻지도 따지지도 않고 그 자리에서 콜!!

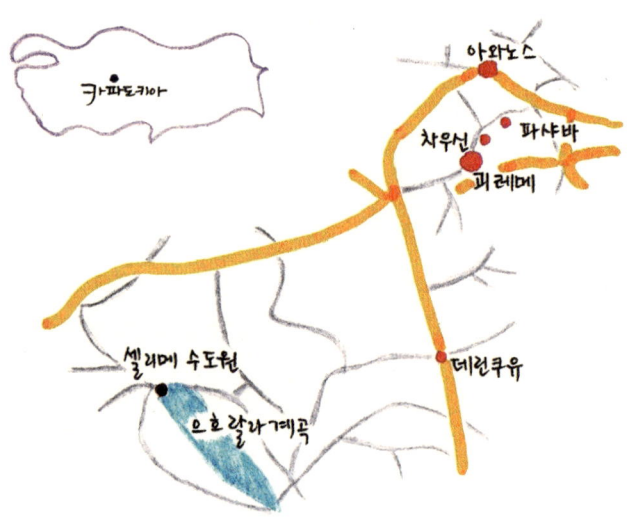

—
풍선은
사람을 싣고~
—

창문 틈새를 파고드는 싸늘한 공기에 새벽 4시쯤 눈이 떠졌지만 다시 이불을 뒤집어쓰고 꼼지락거리다가 정신이 번쩍 들었다!
"아... 열기구!!!"
곧바로 이불을 걷어차고 일어났다가 차가운 공기에 다시 이불 속으로 쏙 들어갔다. 5월의 새벽은 아직까지 쌀쌀하다. 씻을까말까 고민하다가 뭐 잘 보일 사람도 없는 관계로 청결함은 포기하기로 하고 이불 속에서 따뜻함을 느끼며 뒤척이다가 30분 후 숙소 앞으로 픽업 나온 투어차량에 부스스한 몰골로 탑승했다.

벌룬투어 업체 사무실에 들러 인원점검을 먼저 한 후 열기구 탑승지역으로 이동하자 넓은 벌판 여기저기에서 힘없이 널브러져 있던 열기구들이 새 생명을 받아 꿈틀거리는 모습이 펼쳐졌다.

우리가 탑승할 열기구는 아직 일어서지도 못했는데 벌써 둥둥 떠다니는 팀들을 보면서 빨리 타고 싶은 마음도 함께 둥둥 떠올랐다.

달빛 아래 드디어 우리 열기구도 스멀스멀 몸을 일으키기 시작했다. 파일럿의 숙달된 손놀림으로 불길은 더욱 힘차게 타올랐고 카파도키아 대지를 일깨우는 눈부신 일출과 함께 마침내 우리도 하늘위로 두둥실 떠올랐다. 엄마도 나도 다른 사람들도, 모두들 환상적인 풍경에 입이 떡 벌어져서 감탄사만 내뱉는다. 페티예에서 했던 패러글라이딩은 기대치도 높았을 뿐 아니라 예상했던 느낌과 너무 달라서 실망이 이만저만 아니었는데, 열기구는 딱 내가 생각하고 기대했던 그 느낌에 가까웠기에 감동을 고스란히 느낄 수 있었다. 올라갔다 내려갔다 두둥실 떠다니며 따뜻한 햇살을 맞는 느낌이 무척이나 좋았다.

예전에는 열기구가 한번 떴다 하면 엄청나게 많은 수가 떴다고 하는데 이런저런 잦은 사고로 인해 하루에 뜰 수 있는 열기구 수에 제한을 두는 등 정부의 규제가 생겼다고 한다.

조금이라도 더 잘 보겠다고 까치발 들어가며 바깥을 내다보고 계시는 엄마의 모습이 어린아이와 다를 바 없었다. 눈앞에 펼쳐진 세상을 믿을 수 없는 듯 멍하니 바라보며 좋아하는 엄마의 모습을 보고 있자니 나 역시 기분이 좋아지고 괜히 애틋한 마음이 생겨났다. 엄마의 뒤에서 그 자그마한 체구를 감싸 안으며 다정하게 말했다.

"쥑이지예~."

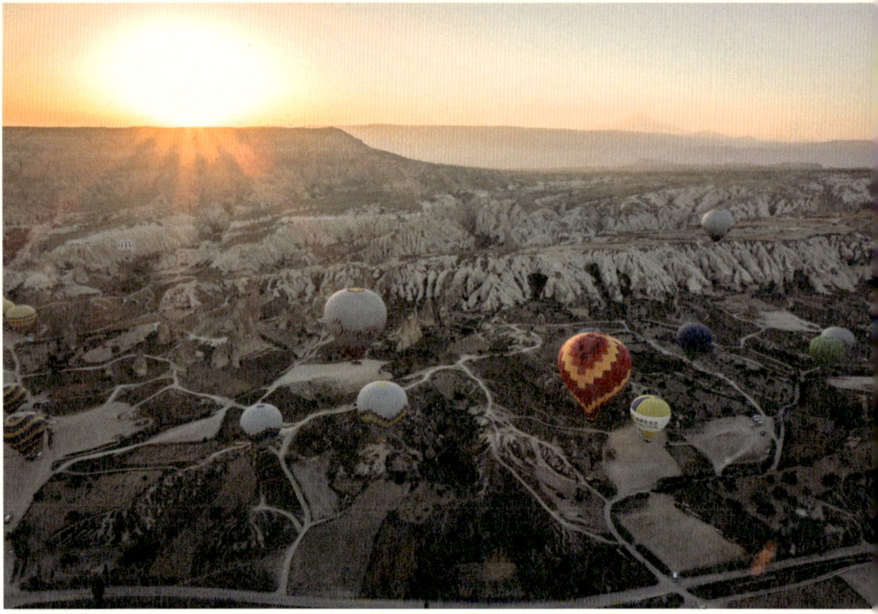
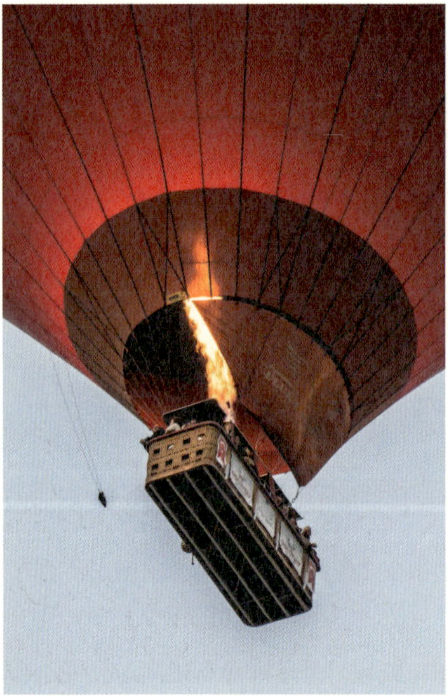
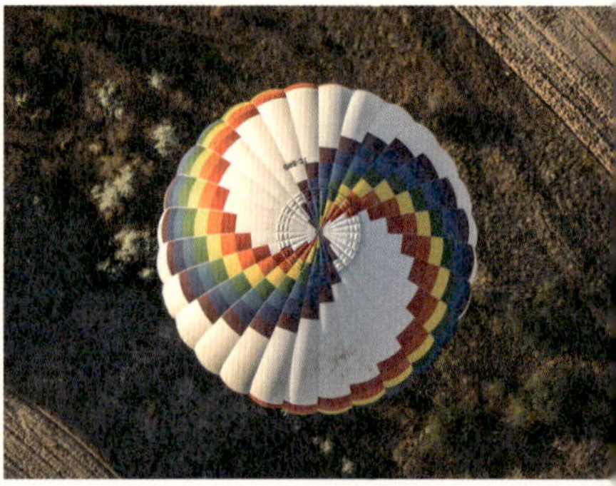
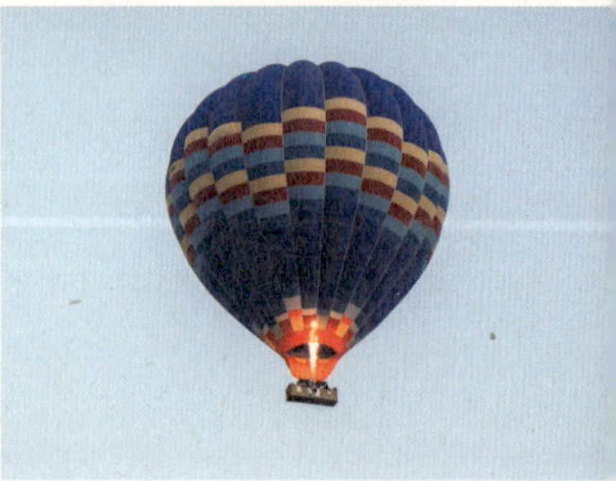

한 시간이 어느덧 모두 지나가버리고 돈값을 다한 열기구들은 하나 둘 지상으로 내려갔다. 열기구에 올라 가만히 서서 구경만 했을 뿐인데 업체에서는 뭐 큰일이라도 해낸 것 마냥 수료증과 함께 샴페인을 한 잔씩 돌린다.

꿈을 꾼 듯 감동에서 헤어나오지 못한 채 돌아오는 차 안에서 엄마의 옆구리를 쿡 찔러본다.

"패러도 글코, 이거도 글코 내 말 안 들었으면 우짤 뻔했노!"
"못하면 못하는 거지 뭐 이거 좀 못한다고 죽나?"
"하이고... 좀 전까지 그래 좋아해놓고 아닌 척은..."

이번에는 엄마가 지기 싫어 뒹기시는 모습에 그냥 피식 하고 말았는데, 숙소에 도착하고 차에서 내려서는 말없이 엉덩이를 두 번 툭툭 두들겨주시고 들어가신다.

"배고프다. 밥 묵자."

한 것도 없는데 수료증과 와인을

위르굽 전망대에서
토요장터까지

부스스한 몰골을 깨끗이 씻어낸 후 빨래도 널어놓고 오늘은 어디를 가볼까 즐거운 고민을 하며 아침식사를 했다. 숙소측에서 직접 그린 지도를 손님들께 제공하는데 버스 노선과 시간이 자세하게 기록되어 있기 때문에 시간을 보고 가장 빨리 떠날 수 있는 곳 중에서 갈 만한 곳을 찾아보니 '위르굽'이 눈에 들어왔다. 특히 오늘은 토요일이라 장터가 열린다는 말을 듣고 요 며칠 못 먹었던 체리나 실컷 사먹을 생각에 위르굽으로 결정했다.

터키의 햇살은 뜨거웠다. 아직 아침인데도 벌룬투어를 다녀오자마자 옥상에 빨아 널었던 옷들이 식사를 마치고 올라가 보니 어느새 뽀송뽀송하게 말라 있었다. 산뜻한 기분으로 돌무쉬를 타고 20여 분을 달려 위르굽에 도착했지만 차 시간에 늦을까봐 급하게 나오느라 위르굽에 관해서 변변한 검색도 못해보고 와버렸다. 여행자 인포메이션이 어디 있는지도 모르겠고 영어는 전혀 통하지 않고...

우선 발길 가는 대로 걸으며 두리번거리다가 어느 여행사 앞에서 관광객 무리로 보이는 청년들을 발견했다. 그들의 손에 들려 있는 지도의 출처를 물어보니, 한 명이 여행사 안으로 들어가서 같은 지도를 하나 받아다준다. 여행사 자체 제작 지도인지는 모르겠지만 건물명과 지명만 대충 표기되어 있고, 무엇을 하는 곳인지는 자세히 나와 있지 않은 조금 시원찮은 지도였다. 어디를 먼저 가볼까 찬찬히 훑어보다가 'Heaven Cave'라는 곳이 눈에 들어왔다. 오오… 얼마나 멋진 동굴이기에 천국이라는 수식어가 붙었을지 급 궁금해졌다. 의기양양하게 엄마 손을 잡고 이끌며 장담했다.
"천국을 보여드리겠습니다!! 하하핫!!"
큰소리 뻥뻥치면서 찾아다녔지만 나오라는 동굴은 안 나오고 허름한 골목길만 이어졌다. 다시 마을 중앙으로 돌아와서 지나다니는 시민들에게 물었다. 세 번만에 겨우 영어가 가능한 사람을 만났다.
"저기… 여기 지도에 있는 이 동굴을 찾고 있는데…"
"동굴? 음… 거기 그냥 호텔같은데…?"
아뿔싸… 동굴과 사람이 하나 되는 곳… 여기가 카파도키아라는 것을 잠시 망각하고 있었다. 숙소검색을 하면서 무슨무슨 케이브 라는 이름을 종종 봤으면서도 지극히 당연한 일을 간과하고 있었다니 정말 멍청하기도 하여라.
삽질을 만회하기 위해 다음 코스는 실패하지 않을 만한 곳으로 골랐다. 바로 높은 곳! 자연이든 도심이든 높은 곳에서 내려다보는 풍경은 웬만하면 다 멋져 보이기 때문이다. 작은 마을이다 보니 그 자리에서

널려 있는 옷들을 보니 장난꾸러기들이 한가득 살고 있을 것만 같은 느낌.

고개를 돌려 두리번거리는 것 만으로 가장 높은 곳, 전망대처럼 보이는 곳을 찾을 수 있었다.

위르굽에 널리 분포되어 있는 바위산 곳곳에는 동굴을 파서 생활했던 옛사람들의 삶의 흔적들이 고스란히 남아 있었다. 이곳에서는 흔한 모습이지만 그래도 옛사람들의 문화유산이라는 생각에 경건한 마음가짐으로 다가갔으나 동굴 안쪽에는 군데군데 쓰레기와 소변지린 내가 진동하고 심지어는 사람의 것으로 추정되는 대변이 굴러다니는 곳도 있었다. 나중에 후회하지 말고 있을 때 관리 좀 잘 하지...

한참 후... 힘겹게 올라간 전망대. 역시 높은 곳에서 바라보는 전망, 탁 트인 시야는 흘린 땀의 무게만큼 보상해주는 듯하다. 마을을 내려다보며 토요일에 열린다는 장터를 찾아보았지만 좀처럼 눈에 들어오지 않았다. 전망대에 있는 카페 직원에게 장터 위치를 물어봤지만 영어가 전혀 통하지 않았다. 그래도 초초초급 기본 영어단어는 알아듣지 않을까 싶어 손가락 하나하나 펴가며 열심히 설명을 해봤다.
"먼데이, 튜즈데이, 웬즈데이, 떨뜨데이, 프라이데이... 앤드... 투데이! 쌔러데이! 오케이? 쌔러데이! 쌔러데이 마켓!!"
몇 번을 되물으며 장터의 위치를 물어보자 그는 미소와 함께 고개를 끄덕이며 긴 손을 뻗었다.
"역시 사람 사는 세상 어떻게든 다 통하는구만... 후훗."
흐뭇하게 그의 손가락이 가리키는 방향을 따라 시선을 옮겨갔다.
'이 자식... 전혀 못 알아들었구나...'
손가락이 가리키는 곳은 아무리 봐도 시장이 있을 것 같지 않았다. 내 마음도 몰라주고 해맑게 웃으며 손을 흔드는 그를 뒤로하고 내려가서 직접 찾아보기로 했다.
커뮤니케이션 실패의 원인은 전적으로 여행준비가 덜된 내 미숙함 때문이다. 터키에서는 시장을 Bazaar(바자르)라고 부른다. 처음 듣는 이야기도 아니고 이스탄불의 그랜드바자르를 비롯해 몇 군데의 바자르를 거쳐 왔건만 계속 마켓 타령이나 했으니...

몇 명에게 더 물어봤으나 좀처럼 진도가 나가지 않았다. 더운 날씨에 이러지도 저러지도 못하고 전전긍긍하는 아들이 엄마는 못내 답답해 보였는지 조금씩 짜증을 내시며 그냥 돌아가자고 보채셨다. 마음대로 되지 않아 짜증나는 것은 나 역시 마찬가지였다. 사소한 것들로 티격태격 하다가 엄마는 바로 옆에 보이는 공원으로 들어가 벤치에 자리를 잡아버리셨다.

"아이고 엄마는 여기 앉아가 쉴란다. 찾으면 그때 말해라."
"아, 진짜 이런 식으로 나오면..."
그때, 공원 입구의 조각상 뒤로 마을에 처음 도착했을 때부터 애타게 찾았던 Tourist Office 간판이 보였다.
"이런 식으로 나오면 땡큐!"
여행자 안내소에 들어가서 제대로 된 지도와 정확한 장터 위치를 확보한 후에야 무사히 장터 미션을 마칠 수 있었고, 조금씩 쌓였던 갈등은 달콤한 체리와 함께 녹아내렸다. 여유있게 시장을 돌아보고 싶었지만 5시부터 시작되는 로즈밸리 투어 때문에 곧바로 숙소로 돌아와야만 했다.

동상 옆으로 보이는 인포메이션 간판

우리네 시골 장터와 별반 다를 것 없는 익숙한 시장 분위기, 글자가 다르고 피부색이 다를 뿐

어머님 손에 디카 한 대
놔 드려야겠어요

로즈밸리는 바람에 의한 침식작용으로 형성되었는데, 특히 해질녘이 되면 기암괴석의 계곡들이 장밋빛으로 물든다고 해서 이런 이름이 붙었다고 한다. 또한 일몰의 비주얼은 카파도키아에서도 가장 아름답기로 손꼽힌다고 한다. 물론 중요한 것은 그 순위를 누가 정했는지는 아무도 모른다는 것이다. 쉽게 말해 빈사나 말거나...

대여섯 명의 중년남성이 탄 차량 한 대가 숙소앞에 멈춰 섰다. 다른 숙소에서 예약한 팀과 조인해서 진행한다고 해서 함께 출발했다.

로즈밸리 트래킹코스 입구에 내린 우리는 가이드를 따라 설명을 들으며 천천히 로즈밸리로 향했다. 엄마는 트래킹 하는 내내 쉴 새 없이 폰을 들고 사진을 찍으시며 감탄과 한탄을 반복하셨다.

"아유... 저 풍경 좀 봐봐라. 저래 이쁜데 폰으로 찍으니까 다 표현이 안 된다."

"폰카가 다 그렇죠, 뭐..."

가이드의 설명을 들어가며 쉬엄쉬엄 산을 오르다 보면 산중턱에 십자가 교회(Hacli Kilise)라는 곳이 나온다. 내부에는 기독교 관련 프레

스코화들이 가득했지만 이곳 역시 우상숭배금지정책에서 자유로울 수 없었기에 예수를 비롯하여 사도들의 얼굴이 남아나질 못했다.

그림을 보며 기독교와 관련된 가이드의 설명이 이어지는 가운데 단체로 오신 아저씨들이 중간중간 이의를 제기하셨다. 저 사도가 누구였고 뭐 하다 죽었으며 어쩌고 저쩌고… 교회에서 오신 분들인지 가이드보다 더 박식한 종교지식을 갖고 관광의 장을 토론의 장으로 바꾸어버렸다. 갑작스런 상황에 가이드는 눈치를 살피며 애써 태연한 척… ㅎㅎ

무신론자의 입장에서는 그저 의미 없는 논쟁이라 왜들 저러시나 혼잣말로 중얼거렸더니, "남의 종교 이야기에 끼어드는 거 아니다" 하시며 엄마가 옆구리를 꾹~ 꼬집으시며 나를 빼내셨.

교회를 나와 다음 장소로 이동하는데 가이드가 자기만의 특급 뷰포인트를 소개해 주겠노라며 사람들을 데리고 갔다. 하지만 그곳은 연

1. 하나같이 얼굴이...
2. 아... 여긴 진짜 직접 가서 봐야 되는데...

예인과 함께하는 모방송사의 여행 프로그램에 소개된 적이 있는 곳이었다. 풍화작용으로 인해 큰 구멍이 나 있는 바위가 저물어가는 석양빛에 붉게 달아오르고 구멍 사이로 카파도키아의 풍광이 펼쳐지는 자연 전망대였다.

"아이고 우째 저래 이쁠꼬... 저래 이쁘네 참... 폰으로 찍으니까 표현이 안 되네."

"그러니까 비싼 카메라를 괜히 쓰는 게 아니죠..."

로즈밸리 투어의 마지막 뷰포인트에 도착하여 모두들 눈앞의 멋들어진 풍경을 담는다고 정신없을 때, 또다시 옆에서 들려오는 엄마의 한숨소리...

"아이고... 진짜로 이쁘ㄴ..."

"그래서! 뭐! 이쁜거 아는데! 우짜라꼬요? 지금 카메라 사달라꼬요?"

"아니... 안타까워서 글치.. 저래 이쁜데 폰으로는 하도 쪼맨하이 나오니까..."

Cappadocia

로즈밸리의 일몰

"뭐! 그래서 지금 카메라 사달라꼬 시위하는 거라요?"

"아니 뭐... 그렇다고..."

좋은 소리도 자꾸 들으면 지겨운데 했던 말 또 하고, 또 하고, 또 하는 바람에 못 참고 버럭해버렸다. 하긴, 줌도 안 되는 구형 휴대폰이라 사진이 나와봤자 얼마나 나오겠는가. 게다가 명암 차이가 심한 일몰 사진은 더더욱... 여행을 다니며 셀카 말고는 내 사진이 거의 없는데 이 참에 엄마 손에 디카 한 대 놔드리고 사진 찍는 법을 가르쳐 드리면 내 사진을 좀 건질 수 있으려나... 이런저런 고민을 하며 로즈밸리 투어를 마치고 숙소로 복귀했다.

내일은 우리 아들이 어디로 데려가 줄려나~ 하는 즐거운 마음으로 엄마는 잠자리로 직행하셨고, 내일은 또 우리 엄마를 어디로 데려가 드리나~ 하는 즐거운 마음으로 해야 할 일을 한숨을 쉬며 하는 것 보면 어쩌면 난 여행체질이 아닐지도...

 또다시 새벽에 눈이 떠졌다. 쌀쌀한 날씨탓인지 아니면 어제 느꼈던 벌룬투어의 느낌을 잊지 못해서인지, 몇 시간 못 잔 상태에서도 새벽 일찍 벌룬투어 시간에 맞춰 몸이 반응한다.
 피곤이 온몸을 짓눌렀지만 내 평생 언제 또 볼 수 있을까 하는 생각에 몸을 일으켜 세웠다. 같은 방을 썼더라면 엄마에게도 의사를 물어봤을 테지만 남자와 여자가 따로 방을 쓰는 관계로 나 혼자만 가기로 했다. 길 물어볼 개미 한 마리 찾아볼 수 없는 이른 새벽이라 지도에 의존해 마을 뒷산 언덕에 있는 괴레메 선셋 포인트를 찾아갔더니 벌써 몇몇이 자리를 잡고 있었다. 아직은 어둠속에 마을 전체가 잠들어 있지만, 구석구석에서 활활 타오르는 가스불과 함께 열기구들이 조금씩 기지개를 켜고 서서히 부풀어 오르고 있었다.
 하얀 달빛이 서서히 힘을 잃어가고 붉은 해가 차츰 솟아오르며 잠들어 있는 괴레메를 깨우기 시작하면서 그와 동시에 준비된 열기구들이 하나하나 하늘로 뛰어오르기 시작했다. 하늘에서 둥둥 떠다닐 때의 느낌과 지상에 멈춰 서서 지켜보는 느낌은 사뭇 달랐지만 어쨌거나 놓쳤으면 후회할 법한 아름다운 장면인 것은 분명했다.

어느새 떠오르는 열기구 만큼이나 관객 수도 부쩍 늘어나 있었다. 투어비용이 너무 비싸다고 생각된다거나 그저 열기구가 보고 싶을 뿐이라면 그냥 이곳에서 감상하는 것도 나쁘지는 않을 것 같다.

도자기 마을과
스머프 마을

한 시간에 한 대씩 있는 돌무쉬를 타고 20여 분을 이동하여 도자기로 유명한 도시 아와노스(Avanos)로 향했다. 아와노스 오토갈에 내려서 조금만 걸어가면 크즐으르막(붉은 강)이라는 강이 나온다. 터키 내륙에서 흑해로 이어지는 강 중에서 가장 긴 강이며 붉은 강이라는 이름은 이곳의 흙 빛깔에서 비롯된 것이다. 마을 사람들은 강에서 채취한 적색 진흙과 산에서 채취한 백색 진흙을 섞어 이 지방 특유의 도자기를 만들어 생계를 유지해왔다고 한다.

도자기 마을답게 크고 작은 다양한 제품들이 골목마다 넘쳐났다. 이건 꼭 사야겠다는 생각을 몇번이나 하면서도 나중에 이스탄불에 가면 다 있을 거라 생각하고 눈으로만 즐겼다. (하지만 나중에 땅을 치며 후회했다. 정말 마음에 드는 게 있다면 때를 놓치지 말고 사야 한다.)

골목 안을 어슬렁거리다 보면 도공들의 호객이 이어진다. 따라오라고 손짓하며 자기들의 아지트로 유혹하는데 안으로 들어가 보면 도자기 만드는 작업실과 함께 수많은 작품들이 진열되어 있다.

"여 따라 드가면 또 막 억지로 사야 되고 그런 거 아이가?"

아와노스에 제대로 찾아왔음을 알 수 있게 해주는, 마을 입구 조형물(↑)

아와노스는 외국 관광객 뿐 아니라 현지인들도 자주 찾는다.

센스 넘치는 허수아비 간판

"뭐 돈 없다 그럼 되지."

먼저 들어오라고 했으니 절대 체면치레 쇼핑은 하지 않으리라 마음먹고 따라 들어갔다. 하지만 딱히 사라고 말하지는 않아도 하나 사 달라는 것 같은 부담부담한 눈빛 때문에 카메라 전원에 손가락조차 올려보지 못하고 도망나왔다. 소심쟁이 같으니…

아랫동네에서 몇 차례 구경을 하다가 호객을 피해 위쪽으로 올라갔더니 상대적으로 인적도 드물고 허물어진 폐가나 가마 같은 것만 눈에 띄었다. 바쁘게 돌아가는 아랫동네와 달리 윗동네는 시간이 멈춘 듯 조용하다. 너무 조용하다 보니 이곳저곳 굴러다니는 거북이가 유일하게 시간이 흐르고 있음을 증명하고 있었다. 페티예 유령도시에

시간이 멈춘 듯한 공간에서 홀로 시간을 달리는 거북이

시도 그랬었는데 신위에 기북이기 왜 돌이다니는지는 모르겠다.
다시 아래로 내려와 우연히 어떤 공방 앞을 지나게 되었는데 입구에 진열된 동물형상 작품들을 보고 굉장히 강렬한 느낌을 받았다. 그저 예쁘기만 했던 다른 곳에서는 볼 수 없었던 기괴함. 입구에서부터 홀리듯 안으로 들어가 보았는데 역시나 딱 내 취향의 작품들이 가득했다. 내가 관심을 보이자 아저씨도 이것저것 계속 들고 와서는 자랑을 하신다. 작품 하나하나가 뭔가 기괴하면서 그로테스크한 것이 내 마음을 사로잡았고 이곳에 있는 것들은 이스탄불로 가도 구하지 못할 것 같은 생각에 결국 하나 집어들었다.
아저씨에게 엄지 척! 해드리고 그 자리에서 작품에 사인까지 해달라고 비행기를 태워드렸더니 아저씨 완전 우쭐해지신 것 같다. 다른 작

독창적인 작품세계를 선보여준 아티스트의 공방

품들도 좀 감상을 하고 싶은데 한국에서 누가 왔었고, 일본에서도 누가 왔었고 하면서 함께 찍은 사진 등 계속 이것저것 보여주려고 하신다. 한번 비행기 타시더니 성층권까지 뚫고 나가신 듯하다. 땅콩이라도 갖다 드려야 회항하실 기세였으나 막상 계산할 때가 되어 할인을 부탁하자 빛의 속도로 내려와 엄살을 피우신다.

다시 강가로 내려와서 아와노스의 명물인 흔들다리 옆에서 잠시 휴식을 취했다. 강가를 따라 이어진 잔디밭에는 테이블과 벤치가 많이 놓여 있었는데 빈자리를 찾아볼 수 없을 만큼 사람들이 많았다. 모두들 우리 모자를 신기하게 쳐다보면서 촬영에도 잘 응해주었고, 아이들은 우리가 신기한지 계속 주위를 슬금슬금 따라다니곤 했다.

아와노스 구경을 적당히 마치고 다음 목적지는 버섯모양의 기암괴석 때문에 스머프 마을의 모티브가 되었다는 파샤바로 정했다.

1. 꽤나 심하게 흔들거리는 흔들다리, 스릴 만점. 한 번씩 아이들이 뛰어다니면 2만점
2. 공원은 주말을 맞아 소풍나온 가족들로 가득하다.

'요정이 춤추는 바위' 또는 '수도승들의 계곡' 등 다양한 수식어를 가지고 있는 파샤바는 버섯모양의 기암괴석들 때문에 만화영화 〈개구쟁이 스머프〉의 모티브가 된 곳이라고 하는데, 개인적으로는 딱히 스머프 마을이 떠오르지는 않았다. 뭐든 이야깃거리를 엮으려는 가이드들이 만들어낸 전설은 아닌지 혼자서 살짝 의심해본다.

패키지로 오신 분들은 주로 아래쪽만 돌아보고 금세 버스를 타고 빠져나가는데 우리는 남아도는 게 시간이다 보니 언덕 위쪽까지 올라갔다. 페티예에서 패러글라이딩을 하실 때도, 어제 열기구를 타실 때도 무섭다고 선뜻 오르지 못하시던 엄마가 파샤바에서는 완전히 다른 사람이 되셨다. 터키 오기 전부터 버섯바위 꼭 보고 싶다고 노래를 하시더니 바로 아래가 절벽인데도 한손에 폰을 들고 사진을 찍으시며 거리낌 없이 돌과 돌 사이를 휘젓고 다니셨다. 그냥 두 발이 땅과 붙어 있기만 하면 괜찮으신 거였구나.

적당히 둘러본 것 같아 그만 내려가자고 했는데 엄마는 반대편 언덕까지 가고 싶어 하셨다. 가던 방향으로는 길이 없어 보이는 것 같아서 일단 내려갔다가 반대편으로 다시 올라가자고 했는데 엄마는 드문드문 보이는 사람들을 가리키며 분명 길이 있을 거라고 먼저 앞장 서서 가버리셨다. 썩 좋은 느낌이 들지는 않았지만 엄마 말을 따르는 착한 아이가 되기로 하고 따라갔다.

뜻밖의 여정이었다. 출발지점에서 봤을 때는 바위산에 가려서 보이

지 않았는데 막상 올라가 보니 반대편으로 넘어가는 길이 꽤나 꼬불꼬불 길게 이어져 있었다.

고지는 점점 높아져만 가고 숨소리도 점점 가빠졌다. 결국 직선거리로는 약 400m, 10분이면 충분했을 거리를 거의 한 시간이 넘게 산을 타고서야 겨우 도착할 수 있었다.

예상못한 엉뚱한 곳에 체력을 소모한 채 괴레메로 돌아가는 길목에 있는 마을 차우신으로 향했다.

그런데 거리가 좀 애매하다. 파샤바에서 차우신까지는 차도를 따라가면 2.3km, 도중에 샛길로 가면 약 1.8km. 너무 멀지도 가깝지도 않은 이정쩡한 거리였다. 걸을까... 탈까... 걸을까... 탈까...

벼랑위의 최 여사

차비가... 그깟 돈 2,000원이 뭐라고... 또 궁상을 떨기 시작했다.
일단은 천천히 주변 풍광 구경하며 가면 금방일 거라 생각하고 도로 갓길을 따라 걸어가기로 했다. 그런데 100m 정도 걸어가다 보니 바로 옆으로 버스가 씽씽~. 워낙 유명한 관광지라 오고가는 버스가 무척 많았다. 게다가 작은 돌무쉬가 아니라 대부분 대형 관광버스여서 옆으로 지나갈 때마다 눈을 질끈 감게 만드는 모래바람을 일으켰다.
'아, 위험하구나... 혼자라면 모르겠는데 엄마가...'
돈은 좀 아깝긴 하지만 목숨이 하나밖에 없는 관계로 돌무쉬를 타기 위해 다시 파샤바 앞으로 돌아갔다. 그런데 막상 돌무쉬를 기다리고 있자니 주차장 바로 앞의 수많은 차들이 만들어내는 흙먼지가 호흡을 곤란하게 만들었다. 게다가 돌무쉬가 언제 오는지도 몰라 마냥 기다려야 하는 상황.

카파도키아

손으로 입을 막은 채 서로 멀뚱멀뚱 쳐다보다가 엄마가 먼저 입을 열었다.

"고마 걸어가까?"

"갈 수 있겠능교?"

"버스야 뭐 지들이 알아서 피해가겠지…"

"뭐, 그라마 그랍시더."

결국 차우신까지는 걸어서 가기로 했는데 위험하다고 생각했던 길은 생각보다 그리 길지 않았고 이후부터는 포도밭이 펼쳐진 한적한 산책로가 시작되었기 때문에 별일 없이 차우신에 도착할 수 있었다.

파사바와 마찬가지로 대형버스들이 차우신으로 들어왔다 나가기를 반복했다. 관광객들이 움직이는 동선은 두 가지였는데 한 곳은 쇼핑을 목적으로 가는 대형 도자기 매장이었고 또 한 곳은 언덕 쪽으로 이어진 좁은 계단으로 올라가는 유적지 관광이었다. 단체여행객들이 방문하는 곳이라면 나름 사연 있는 유적지일 듯해서 잠깐 따라가 봤더니 교회였다. 그것도 동굴 교회… 세계문화유산에도 등재되어 있으며 카파도키아에서 가장 오래되었다고 하지만 어제도 보고 그저께도 봤던 다른 동굴 교회들과 별 차이가 있을까 싶어 우선 엄마의 의사를 물어봤다.

"엄마… 저 위에 교회 있는데 보러 갈래?"

"와? 구경 가자꼬?"

언덕에서 바라본 차우신 마을풍경. 괴레메의 1/3 정도 되는 작은 마을이다.

"근데 계단을 좀 올라가야 되는데…"

"괘안타… 엄마 끄떡없다."

"그럼 갑시다. 아, 근데 입장료가 있어요. 1인당 4천원 정도."

"맞나… 교회 많이 봤는데 뭘 또 보노. 그냥 가자."

아… 간만에 마음이 맞는 엄마였다. 처음이면 몰라도 비슷비슷한 것을 돈까지 쥐가며 볼 마음은 나 역시 없었다.

뜻밖의
히치하이킹

차우신에서 숙소까지는 4km 정도. 걷기에는 조금 부담스러운 거리라서 정류장이 있는 길가에 퍼질러 앉아 언제 올지 모를 돌무쉬를 마냥 기다렸다. 누가 좀 태워주면 좋으련만 소심한 성격탓에 히치하이킹도 못하고 지나가는 차들을 바라보고만 있었다. 그런데 지나가는 차들을 가만히 살펴보니 정류장에서부터 몇 미터 떨어지지 않은 곳의 횡단보도 앞 과속방지턱 때문에 모두들 급 감속을 하며 통과하고 있었다. 슬며시 자리를 옮겨 과속방지턱 근처에 앉아보니 차들이 스쳐가는 속도가 차 안의 사람과 아이컨텍이 가능할 정도였다. 은근한 기대심에 큰 맘 먹고 히치하이킹을 시도했다. 다만 남들처럼 손을 쭉 뻗어 흔들며 멋지게 하지는 못하고 길가에 불쌍하게 쭈그리고 앉아서 턱을 괸 오른손에 엄지만 삐죽이 내밀었다. 자세히 보지 않으면 하는 줄도 모를 소심한 히치하이킹…
어차피 버스가 올 때까지 할 일도 없으니 이러고 있어도 손해볼 것은 없었는데 정말 5분도 지나지 않아 승용차 한 대가 멈춰 섰다.
 뒷좌석 창문이 스르르 내려가고 인자하게 생긴 할아버지 한 분이 말

괴레메 가는 길

쏨하신다. 뭐라고 하시는지 못 알아들으니 그냥 내가 할 말만 했다.

"괴 레 메!!"

할아버지는 고개를 한 번 끄덕이시더니 차에서 내리셨고 곧장 조수석으로 옮겨 타시며 뒤에 타라고 손짓을 하셨다.

뜻밖의 횡재에 신이 나서 엄마를 불렀다.

"엄마!! 얼른 와서 이 차 타이소~."

"아이고 내가 못산다. 우짤라꼬 겁도 없이 아무 차나 막 잡아타노!!"

"허...참... 걱정도 팔자시지. 형제들이 친절을 베푸는데 괜히 의심하고 그라믄 안돼~."

무조건 괜찮다고 주장하며 거침없이 엄마를 밀어넣고 문을 닫았다.

"테쉐퀼 에데림~."

터키어로 감사의 인사를 한 후 차 안은 금세 조용해졌다.

우린 터키어를 못했고 어르신들 역시 영어를 할 수 없을 것이라는 생각에 먼저 말을 걸 수가 없었다. 그러다가 백미러로 한 번씩 흘끔거리던 어르신이 한참 만에 입을 여셨고 어르신의 주름진 입술 사이로 놀랍게도 영어가 튀어나왔다.

"Mom?"

"Yes, My Mom!"

어르신은 기특한 듯 바라보며 씨익~ 미소를 지으셨다. 마치 유일하게 알고 있던 영어를 쏟아 부으셨는지 할아버지는 입을 닫으셨고 차 안은 다시 조용해졌다. 그나마 거리가 멀지 않아 어색한 시간은 오래 지속되지 않았다.

잠시 후 우리는 괴레메 오토갈에 도착했고 "테쉐퀼 에데림~ 테쉐퀼 에데림~!" 내리면서 다시 연거푸 감사의 인사를 했더니 할아버지는 나를 향해 엄지를 한번 치켜 세우시곤 유유히 사라지셨다.

"봤제? 봤제? 이게 바로 형제나라의 위엄이지! 담에 또 하자."

"떽! 또 하기는 뭘 또 하노! 엄마는 겁이 나 죽겠구만…"

"아… 진짜 엄마하고 같이 못 댕기겠네… 그래 겁이 많아가 무슨 여행을 한다꼬 참말로…"

숙소로 돌아와서 온몸에 뒤덮인 흙먼지들을 씻어내고 쉬는 시간도 잠시, 슬슬 카파도키아 다음 목적지가 나를 압박해오기 시작했다.
몇 달 전...
여행을 오기 전 한국에서의 어느 날... 엄마가 형에게 물으셨다.
"니는 그동안 댕겨본 나라 중에 어데가 젤 좋더노?"
형은 잠시 생각하더니 터키 동북쪽 국경과 붙어 있는 나라 중 하나인 조지아를 꼽았다. 그래서인지 엄마는 조지아에 대한 환상을 갖고 계셨고, 친구들에게도 터키 갔다가 조지아까지 보고 올 거라고 자랑자랑을 하셨다고 한다. 나는 고려해 보겠다고만 했지 확실히 조지아에 간다고 확답하지는 않았다. 어쨌든 엄마의 희망사항이니 조지아로 가는 방향에 위치한 터키 동북부의 트라브존을 우선순위로 정하고, 정보를 수집하던 중에 숙소 사장님이 서쪽으로 이동해서 불가리아로 가는 건 어떠냐며 새로운 제안을 해주셨다. 조지아는 터키와 크게 다른 점을 못 느끼겠지만 오히려 불가리아로 가면 물가도 싸고 터키와는 전혀 다른 동유럽의 분위기를 느낄 수 있다고 하셨다. 최종목적지인 이스탄불을 기준으로 불가리아와 조지아의 거리 차이가 두 배 가까이 나기 때문에 괜히 조지아까지 넘어갔다가 돌아갈 때 너무 촉박해지는 것이 아닐까 하는 걱정도 살짝 들었다. 그렇다고 비행기를 타자니 국제선인데 당장 저렴한 항공권도 없고...
아무래도 종착지인 이스탄불과 가까운 곳으로 가면 돌아가는 스케줄

조정이 조금 더 여유롭지 않을까 하는 생각에 엄마를 설득했다. 평소에 안전제일을 주장하시며 늘 미리미리, 일찍일찍을 주장하셨던 엄마와 어떻게든 되겠지 하며 대충 돌아다녔던 내가 이번에는 완전히 반대의 의견을 내놓았다. 엄마는 일정이야 어찌 되었든 조지아를 가고 싶어 하셨고, 나는 응당 비행기를 놓치면 안 되니까 안전하게 가는 방향을 원했다. 평소의 자신들을 부정해가면서까지 원하는 바를 이루려고 했지만 이곳에서 어쩔 수 없는 갑의 지위는 엄마가 아니라 나란 사실... 내가 양보하지 않는 이상 어쩔 수 없이 최후의 승리자는 늘 내가 된다. 그야말로 답정엄. 답은 정해져 있어 엄마는 따라만 와!
그래서 지연스럽게 다음 코스는 서쪽으로 이동하는 것으로 정해졌다. 쇠뿔은 원래 단김에 빼야 제맛이니 곧장 오토갈로 가서 오늘밤 앙카라를 거쳐 사프란볼루로 가는 버스를 예매했다.
버스시간은 밤 12시 15분인데 그 시간은 경유지인 네브쉐히르에 도착하는 시간이므로, 괴레메 오토갈에는 11시 25분까지 와야 한다고 젊은 친구가 친절하게 안내를 해주었다. 티켓을 구매한 후 엄마에게 미안한 마음이 들어 조금 비싸보이는 식당으로 모셨지만 엄마는 조지아에 대한 꿈을 접어야 하는 게 못내 아쉬운지 이후 맛있는 식사를 하면서도 표정이 시무룩해 보이셨다.
식사를 마치고 숙소로 돌아와서 곧장 사프란볼루의 숙소검색에 들어갔다. 고르고 고르다 발견한 숙소 'YILDIZ KONAK PANSION.'

더블룸도 아니고 패밀리룸인데 24유로면 가성비가 꽤나 괜찮아보였다. 마침 옆에 계시던 사장님께 괜찮은 집 찾았다고 보여드렸더니 자기도 아는 집이라면서 싸고 깨끗하고 친절해서 한국 사람들도 많이 간다고 하셨다.
그렇다면 콜!! 더 물어볼 것도 없이 예약완료!
카파도키아에서 보낸 3일간의 숙박비 및 투어비용을 지불하고는 버스시간에 맞춰 오토갈로 이동했다. 밤 11시 25분까지 오라고 했지만 여유 있게 10분쯤에 나가서 버스를 기다렸는데 금방 올 줄 알았던 버스는 도착시간이 한참 지나도록 나타날 생각을 하지 않았다. 터키에서 5분 10분 늦는 것은 일도 아니라지만 30분이 지나도록 나타나지 않으니 점점 불안해졌다. 누구에게 물어봐야 할텐데 우리 이외에 사람이라고는 젊은 커플 한 쌍만이 우리 시선 따위는 아랑곳하지 않고 애정행각을 벌이고 있었다. 부럽지 않다... 부럽지 않다... 아니... 이러고 있을 때가 아니지. 서로 부비부비하는 중에 실례를 무릎쓰고 티켓을 들이밀었다. 왜 늦는지는 모르겠고 티켓대로라면 여기서 타는 게 맞단다. 뭘 어찌할 도리가 없어 몇 번이고 티

좋냐?

켓만 들여다본다.

매표소 총각이 따로 11:25까지 오라고 티켓 위에 친절하게 적어주기까지 했고 티켓에도 분명 00시 15분이라고 인쇄되어 있는... 어? 날짜 18.05.2014 시간 00:15. 설마... 표를 끊은 날이 18일인데 00:15? 자정을 넘겨 하루가 지났으니 19일 00시 15분 버스를 끊어야 했던 것일까? 싸늘하다... 가슴에 티켓이 날아와 꽂힌다. 설마설마하는 불안감이 온몸을 휘감았지만 기다리는 것 이외에 아무것도 할 수 없었다. 평소에 걱정하지 않아도 될 일들에는 사사건건 묻고 또 묻고 하셨던 엄마였지만 지금은 어쩐지 아무 말 없이 내 팔만 꼭 잡고 계신다.

표를 끊을 때 몇 번이나 되물으며 확답을 받은 줄만 알았는데 혼자 엉뚱하게 이해하고 표를 잘못 끊은 것은 아닌가? 아 진짜 나 왜 이리 멍청하냐... 엄마는 머리를 쥐어뜯으며 자학하는 아들래미의 등을 쓰다듬으며 괜찮을 거라 안심시켜 주신다.

"엄마는 걱정 안 되나?"

"니를 이자뿟으면 몰라도, 니랑 같이 있는데 뭐 걱정이고... 차 안 오면 내일 가믄 되지."

"내가 시원찮아서 미안..."

그렇게 자학하며 셀프디스하고 있을때 저 멀리서 두 개의 불빛이 우릴 향해 달려왔다. 오토갈에 도착한 지 1시간 20분 만이었다. 왜 이렇게 늦었냐고 따질 생각도 못하고 그저 와준 것만으로도 고마웠다.

좁은 버스에서 잠들기가 쉽지 않을 듯했지만 긴장이 풀렸는지 의외로 순식간에 기절했고 잠시 눈을 붙였나 싶었는데 어느새 터키의 수도 앙카라 오토갈에 도착해 있었다. 며칠간 대자연의 기암괴석들과 함께했더니 삐까번쩍한 빌딩들의 모습이 굉장히 낯설다.
어느 나라를 여행하든 그 나라의 수도를 둘러보는 것이 당연한 코스겠지만 터키 같은 경우 이스탄불이 수도라 해도 이상할 것이 없을 만큼 대도시이기 때문에 앙카라는 패스하고 곧장 사프란볼루로 가는 버스에 올라탔다.
한참을 달리다 문득 뒤를 돌아보니 불편한 자세로 새우잠을 자고 있는 엄마가 눈에 밟혔다. 이거 참, 비행기를 타면 순식간에 넘어갈 텐데 돈 몇 푼 아끼자고 노모를 이리 혹사시키다니... 내가 지금 잘 하고 있는 짓인지 모르겠다. 잠시 생각을 하다가 이내 절래절래 털어버린다. 아 몰라... 엄마가 좋다 하시니 그걸로 된 거지 뭐...
세 시간 후 사프란볼루에 도착한 우리는 곧장 숙소를 찾아 이동했다.

불효자는 웁니다.

간만의 도시풍경

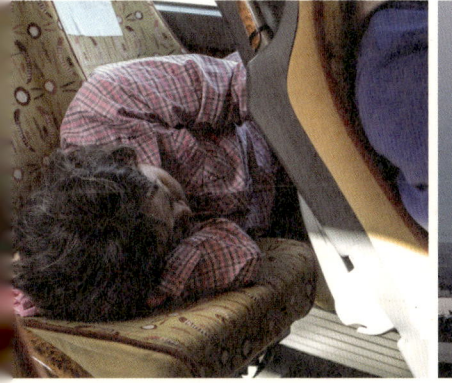

Safranbolu
사프란볼루

혼돈의 7시간
초고속 흑해관광
하맘 체험

혼돈의
7시간

시원한 아침 공기와 눈부신 아침 햇살…
사프란볼루의 시작은 모든 것이 완벽했다. 숙소까지 그리 멀지 않아 가벼운 마음으로 발걸음을 내딛을 수 있었다. 걸어가는 중간중간 예쁜 숙소들이 눈에 들어왔다. 우리가 묵게 될 숙소는 어떤 모습으로 우리를 맞이할까? 엄마 마음에 들었으면 좋겠다는 생각과 살짝 들뜬 기대를 품고 걸음을 재촉했다.

그런데 지도상에 표기된 위치에 있어야 할 Yildiz는 보이지 않았다. 분명 여기가 맞는데…

2,30m 거리를 왔다갔다 하다가 근처에 있는 다른 숙소에 들어갔다. 손님이 온줄 알고 반갑게 맞이하는 아저씨에게는 조금 미안했지만 Yildiz의 위치를 물어볼 수밖에 없었다. 아저씨는 밖으로 나가 주변 상인들에게 물어보며 경쟁업체의 손님을 위해 열심히 애써주셨다.

그렇게 겨우겨우 찾아낸 우리의 숙소는 예상치 못한 곳에 있었다. 인터넷에서 봤던 모습, 거기에 상상이 더해진 아름다운 숙소는 없었고 낡은 시장 상가건물의 꼭대기에 위치한 허름한 Yildiz 간판. 뭔가 좋지 않은 예감과 함께 문을 열고 내부로 들어갔다.

이상하다. 사람의 모습이 보이지 않았다. 주방에 수북이 쌓여 있는 설거지거리는 언제 씻었는지 알 수 없을 만큼 물기조차 남아있지 않았고, 우리를 둘러싼 벽지는 누렇게 떠 있었다.

빈 방으로 들어가 보았다. 정돈은 잘 되어 있었으나 오랜 시간에 걸쳐 스며든 것 같은 담배냄새와 씻지 않은 몸에서 나는 사람의 노린내... 흔히 말하는 노숙자 냄새였다. 방안 가득 풍겨오는 악취에 숨을 쉴 수가 없었다. 사실 생각했던 것과 좀 다르더라도 잠만 잘 수 있다면 난 크게 개의치 않는다. 하물며 유럽여행 당시 공공화장실에서조차 즐겁게 숙박했던 내가 아닌가... 하지만 이곳에서 1박을 했다간 후각을 상실해버릴 것만 같았다. 엄마 역시 망연자실... 원망스런 눈빛으로 바보 같은 아들만 바라보고 계셨다. 아... 이럴 수는 없는 것이다.

사람을 찾아 이 방 저 방 뒤지는데 제일 안쪽 방에서 작게 TV소리가 들려왔다. 노크를 하자 풍성한 덩치의 남자가 자다 일어난 듯 부스스한 모습으로 나왔다. 예약과 관련해 이야기를 하려는데 영어를 전혀 못한다. 눈치를 보니 주인은 아닌 것 같았다. 서로 간에 의미 없는 횡설수설이 몇 차례 반복되고 나서 그가 어딘가로 전화를 걸었다. 누군가와 잠시 통화를 하고 나서는 기다리라는 뉘앙스를 풍기며 자기 방으로 돌아갔다.

어디서부터 잘못된 것일까... 이 집은 어쩌다 이렇게 되어버린 것일까... 카파도키아 숙소 사장님은 우리에게 무슨 억하심정이 있어 이런 집을 추천해준 것일까... 머릿속이 터질 것 같았다.

밤새 쭈그린 채 야간버스에 몸을 실어온 엄마는 잔소리를 쏟아낼 기운도 없으신지 침대에 앉아 고개만 숙이고 계셨다. 피곤했지만 벌레라도 옮을까봐 침대에 눕지도 못하는 상태.

다시 한번 예약을 확인해봐야 했다. 때마침 벽면에 와이파이 비밀번호가 적혀 있는 메모지를 발견했다. 비밀번호 이외에도 한글로 연락처 등이 적혀 있었다. 한국인들이 즐겨찾는다는 이야기는 사실인 듯하다. 하지만 번호가 변경되었는지 와이파이는 연결되지 않았다.

30분 전까지만 해도 걱정거리라고 없었던 우리 모자의 얼굴에는 이 세상 108번뇌가 모두 내려앉은 듯 했다. 마냥 기다려야 하나... 머리를 쥐어뜯으며 자책하는 나에게 엄마는 조용히 입을 열었다.

"여기 돈 많이 줬나?"

"24유로 줬어요."

"취소는 안 되나?"

"당일취소는 돈도 못 돌려받아요."

"그럼 그 돈 그냥 밥 한 끼 먹었다 치고 다른 곳에 갈래?"

"......"

그랬다.

나는 늘 그랬다.

석달간 유럽여행을 할 때도 그랬지만 이번에도 또 그랬다.
개같이 벌어서 정승같이 써야 할 돈을 개같이 아껴서 등신같이 쓰고 있었다. 마음속으로 눈물을 콸콸 흘리고 있던 그 순간!
대문이 열리는 소리와 함께 한 남자가 등장했다. 70대 정도로 보이는 양복 입은 노인이었는데 직감적으로 이곳 주인이라는 것을 알 수 있었다. 짧은 시간 동안 매의 눈으로 그를 스캔했다. 어르신의 깊게 패인 이마 주름 위로 휑한 언덕, 얼기설기 돋아나 있는 머리카락. 그리고 어깨 전체를 뒤덮는 하얀 비듬의 향연. 입을 열 때마다 풍겨오는 숙성된 재떨이 향기. 향기의 본거지로 추정되는 입 안쪽은 짙은 갈색으로 뒤덮여 대부분이 썩어 있는 충치들로 가득했다.
그래 결심했어! 이렇게 지저분해 보이는 사람이 관리하는 곳에서는 도저히 엄마를 재울 수가 없다! 설마 숙소 주인이니까 영어는 할 수 있겠지 싶어서 취소하겠다고 이야기를 하려고 했는데 이 어르신이 영어를 전혀 못한다. 도대체 이곳은 뭐가 어떻게 돌아가는 곳인가?
멘탈이 점점 붕괴되는 가운데 어르신은 누군가에게 전화를 걸어 잠시 통화를 하다가 전화기를 나에게 넘겨주셨다. 누구지? 진짜 주인은 따로 있었나? 반신반의하며 수화기를 귀에 댔다.
"Hello!"
수화기 너머로 들려오는 반가운 인사말. 드디어 영어를 하는 사람을 만났다. 그 사람은 10분 정도 기다리면 자기가 픽업하러 오겠다고 한다. 무슨 소리지? 난 이미 오토갈을 나와서 숙소에 도착했기 때문에 픽업할 필요가 없는데?

"헤이, 나 지금 숙소에 도착해 있어."

"그래, 10분만 기다려. 내가 데리러 갈게."

"그럴 필요 없다고... 우린 제 발로 찾아왔다고! 여기 숙소야."

"알았으니까 10분만 기다려. 금방 가."

"숙소라니까!!"

'뚜뚜...'

표정이나 손짓 발짓이 보이지 않는 전화통화는 역시나 초보자에게 너무도 어렵다. 상황이 어찌 될지 잘 모르겠지만 어쨌든 이곳에서는 절대 묵지 않는 것으로 결정을 내렸다.

그리고 10분 후...

추리닝에 슬리퍼를 끌고 젊은 남자 한 명이 들어왔다. '젱기스' 라는 이름의 그 청년은 우리에게 인사를 하더니 다짜고짜 따라오라며 엄마 짐을 들고 나가버렸다. 영문도 모르고 나머지 짐을 들고 허겁지겁 따라 내려갔더니 밖에는 노란 택시 한 대가 트렁크를 열고 대기중이었다. 젱기스는 트렁크

조금 전 내 멘탈을 안드로메다로 보내셨던 그분

에 가방을 싣고 곧장 우리를 태우더니 택시를 출발시켰다.

아... 역시 그렇지. 그럴 리가 없지. 이런 곳에서 묵게 할 리가 없지... 뭔가 잘못 되었었던 거야...

그제야 상황파악이 되며 십년 묵은 체증이 내려가는 듯한 안도감과 함께 옆에서 들려오는 엄마의 탄성소리.

"하이고... 세상에..."

도심을 막 벗어난 택시 창문밖으로 오스만투르크 시대에 건설되어 수백 년간 그 자리를 지켜온 사프란볼루의 그림같은 풍경이 펼쳐지고 있었다.

아... 이게 진짜 사프란볼루구나...

벌어진 입을 다물지 못하고 멍하니 구경하던 사이 택시는 'Yildiz Sari Konak Hotel'이라는 간판이 달린 노란 건물 앞에 멈춰 섰다.

문을 열고 들어서자 고풍스러운 느낌의 리셉션이 우릴 맞이했다. 오스만 시대의 전통가옥을 개조해서 호텔로 사용하는 곳이었다. 젱기스는 아직 체크인 시간이 아니라서 방 청소가 덜 되어 있으니 조금 기다려달라고 했다. 그럼 우선 식사부터 좀 하고 오겠다고 하고 짐만 맡겨둔 채 밖으로 나왔다.

똑같은 사물을 보더라도 그때그때 기분에 따라 받아들이는 감동은 큰 차이가 있기 마련이다. 조금 전까지 지옥으로만 보였던 세상이었건만 어느새 주변의 모든 것이 아름답게 보였다.

구 시가지의 중심지인 차르시 광장, 분주한 사람들, 붉은 지붕의 건물들, 나무 한그루, 고양이 한 마리까지 그저 모든 것에 감사한 마음가짐으로 거리를 거닐다가 아무 식당이나 자리를 잡고 앉아 아무거나 손가락으로 쿡쿡 찍어서 대충 주문을 했다.

식사에 앞서 가져다주는 빵을 뜯어 먹으며 기다리고 있는데 갑자기 전기가 나갔는지 식당 내부가 소란스러워졌다. 우리는 야외테이블에 있었지만 열린 문 안으로 보이는 가게 내부는 어두워져 있었고 주방에 있던 아줌마와 주인아저씨가 심각하게 대화를 주고받았다. 곧이어 아저씨는 우리 시선을 피해 손에 뭔가를 들고 다른 가게로 들어갔다.

"지 양반 우리 빈대떡 들고 간다. ㅎㅎㅎ"

"엄마가 어떻게 알아?"

"딱! 보면 알지. 안에서 굽다가 전기 나가니까, 옆집 가서 구워올라 안 카나... ㅎㅎㅎ"

"그럼 별로 맛없겠네..."

"그러게. ㅎㅎㅎ"

"엄마는 지금 뭔 일이 벌어져도 기분 좋은가 보네."

"ㅎㅎㅎㅎ"

"나도. ㅎㅎㅎㅎ"

식사를 마치고 빵 남은 거 싸 가도 되냐고 물어봤더니, "노 프라블럼~"이라며 비닐에 빵을 가득 싸서 주는 친절한 아저씨. 계산을 하는데 금액이 약간 안 맞는 듯해서 계산서를 보니 보통 무료로 주는 식전 빵 가격까지 친절하게 포함되어 있다. 한마디 하려고 주인을 향해 뒤돌아서는데, 엄마가 내 팔을 잡아끌며 "아이고 마 그냥 빵 사먹었다 치자."
"그라입시더. ㅎㅎㅎ"
우릴 호구로 보는 아저씨 행동이 얄미웠지만 한층 업된 기분을 버리기 싫어 너그러운 마음으로 패스했다.
광장을 거닐면서 구경 좀 하다가 호텔로 돌아오니 방 정리는 완료되어 있었고, 비용은 예약했던 가격 그대로 지불했다.
열쇠를 받아들고 우리가 묵을 방으로 올라가보니 넓지는 않았지만 아늑한 목조건물이라 엄마가 무척이나 좋아하셨다.

1. 음식이 늦어져도 마냥 좋은 엄마
2. 여기저기서 길거리캐스팅 되심
3. 광장 입구, 볕 좋은 벤치에서 시간을 보내고 계시는 할아버지들

오스만 시대 전통 가옥의 고풍스러운 이미지

처음부터 바로 이곳으로 왔으면 이만큼 좋아하지는 않았을 텐데 최악의 상황에서 올라온 만큼 조지아를 못 간다는 서러움 따위는 이미 안드로메다로 사라져버린 것 같았다.

짐 정리를 하고 잠깐 휴식을 취한 후 본격적으로 사프란볼루를 구경하기 위해 다시 숙소를 나섰다. 골목을 내려가 제일 먼저 맞닥뜨린 곳은 역시나 시장. 보통 이런 전통시장에는 가격이 적혀 있지 않은 경우가 많고 제품에 관심을 보인다 싶으면 귀신같이 다가와서 부담스러운 호객을 하기 마련인데 이곳에는 가격표가 일일이 붙어 있는 게 마음에 들었다. 우리 기분이 워낙 좋은 상태여서일지도 모르지만 호객도 별로 없었고 살려면 사고 말려면 말라는 것처럼 상인들의 여유로움이 느껴졌다.

사프란볼루에서 유명한 것 중 하나는 '로쿰'이다. 시장으로 내려가다 보니 어느 상점에서 마트 시식 하는 것처럼 로쿰을 나눠주고 있었다.

달콤한 맛을 보고 가격을 물어보니 한 박스 5리라. 생각보다 굉장히 저렴해서 한 박스를 사서 마을을 돌아다니며 먹었는데, 너무 달아서 금방 질리는 맛

쫀득 달콤 몰캉한 로쿰

이었다. 그러다가 광장 근처에 좀 전통 있어 보이는 로쿰집에서 시식을 해보니 확실히 달콤하면서 고소한 맛이 더 좋았다. 우리가 먹었던 것은 그냥 불량식품 같은 느낌... 그런데 가격이 3~4배는 더 비쌌다. 페티예에서 배를 타면서도 느꼈지만 다시 한번 마음 속으로 외쳐본다. 비지떡은 싸다!

원래 터키동부에서 사프란볼루를 거쳐 이스탄불을 통해 귀국할 예정이었으므로 이곳에서 로쿰을 사야 했지만 불가리아로 경로가 변경되었기 때문에 여행기간이 많이 남아 사프란볼루에서 로쿰을 사는 것은 보류하고 그냥 시식으로 만족하기로 했다.

그리고 로쿰보다 더 유명한! 사프란볼루의 가치를 가장 잘 나타내주는 것은 오스만투르크 시대의 모습이 그대로 보존된, 그야말로 세월이 멈춘 듯한 사프란볼루 마을 그 자체이다. 흑해 연안으로 이어지는 오스만 무역로가 이곳을 통과했기 때문에 자연스럽게 부를 축적할 수 있는 상업적 중심지가 될 수 있었고 그 부를 바탕으로 지어진 저택들과 튼튼한 집들이 1975년에 복원사업을 거쳐 1994년에는 마을 전

사건은 다시 원점으로...

체가 유네스코 세계문화유산으로 지정되었다. 또한 이름에서 알 수 있듯이 사프란 꽃으로도 유명한데, 10월은 되어야 구경할 수 있다고 한다.

내리쬐는 햇살을 오롯이 피부로 느끼며 엄마와 함께 마을 곳곳을 누비고 다니는데...

그때였다.

내 눈을 의심케 하는 장면을 목격했다.

'Yildiz Konak Pansion'이라고 적힌 간판이 눈에 들어왔다. 다시 정신이 혼미해져왔다. 폰을 꺼내서 캡처해둔 예매내역을 살펴봤더니 분명 내가 예약한 곳이다. 그럼 아까 갠 뭐지? 기억을 더듬어보니 맨 처음 갔던 곳이 'Yildiz Backpacker Pansion,' 두 번째로 이동한 곳이 'Yildiz Sari Konak Hotel,' 다 같은 Yildiz 이지만 이름이 조금씩 다른데 실제로 내가 온라인으로 예매를 한 곳은 지금 눈앞에 있는 이곳 'Yildiz

Konak Pansion'이었다. 숙소 위치를 찾을 때 모두 입력하지 않고 별 생각 없이 'Yildiz'만 넣고 검색했기 때문에 가장 먼저 검색된 'Yildiz Backpacker Pansion'으로 가게 되었던 것이다.

가만...? 그럼 원래 난 그곳의 손님이 아니었는데 어쩌다 보니 호텔로 옮겨져서 호텔 손님이 되었고... 이곳은 이곳대로 예약해놓고 오지 않는 몹쓸 손님이 되어 돈은 돈대로 빠져나가는 것은 아닐까...

아... 혼돈의 카오스를 빠져나온 지 얼마 되지도 않아 또다시 어둠의 다크니스가 내 멘탈을 엄습해왔다. 왔던 길을 되돌아 허겁지겁 숙소로 돌아가니 고객의 속 터지는 심정을 아는지 모르는지 젱기스는 미소 띤 얼굴로 우리를 맞이한다.

"왜 벌써 왔어?"

"아랫동네에서 'Yildiz Konak Pension'이란 곳을 봤어!"

"그런데?"

"난 처음에 그곳에 예약을 했다구."

"그래서?"

"혹시 두 번 결제되는 거 아니야?"

"노노... 걱정하지 마."

"도대체 그 집은 뭐지?"

"네가 처음 갔던 곳은 우리 아버지가 맡고 있지. 원래 배낭 여행자를 위한 게스트하우스였는데 지금은 그 근처 노동자들 전용 숙소로 이용하고 있지. 그리고 이곳 호텔은 내가 맡아서 운영중이고 조금 전 네가 본 곳은 우리 엄마가 맡고 있지. 우리 가족이 운영하고 있으니 이중 결제는 걱정하지 마."
아... 그렇구나... 그제야 모든 의문이 풀렸다. 영문도 모르고 내가 놀라니까 따라 놀라 가슴 졸이시던 엄마에게도 상황설명을 해드렸다.
"아이고 니 때문에 내가 몬산다... 제발 똑띠 쫌 알아보고 댕기라..."
"허허... 이게 내 매력이지..."
"찰싹!!!"
비로소 숙소에 얽힌 해프닝이 모두 끝나고 다시금 편안해진 마음으로 못다 본 마을 구경을 위해 사프란볼루의 대표전망대인 흐드를륵 언덕으로 올라갔다.
일몰을 앞두고 빛이 가장 예쁜 시간이라, 환상적인 사프란볼루의 마을전경이 한눈에 들어왔다. 그런데 풍경도 풍경이지만 나도 어쩔 수 없는 남자인지라 우리처럼 구경중이던 어느 동양인 여자의 뒷모습에 더 시선이 갔다. 휘날리는 머리카락이 역광에 반짝이며 흩날리는 디테일이 좋은 그림을 만들어내고 있었다. 보통 관광지에 왔으면 이곳저곳 장소를 옮겨가며 쉬지 않고 사진을 찍을 텐데 이 아가씨는 그런 것도 없이 난간에 올라앉아 오랜 시간 계속 마을을 바라보고 있었다.
'아... 정말 풍경이 마음에 드나 보다... 사프란볼루를 두 눈에 가득 담아갈 모양이군...'

그렇게 생각하며 그녀를 스쳐 지나가는데... 수면 위에서는 우아해 보이지만 수면 아래에서는 쉴새없이 물질하는 백조처럼 그녀의 손은 쉴새없이 무언가를 눌러대고 있었다. 바로 블루투스 리모컨!!
그리고 그녀의 손가락 움직임에 맞춰 멀찍이 떨어져 있는 그녀의 가방 위에 올려져 있던 카메라도 찰칵찰칵 윙크를 날린다.
"쫌 배워라. 저게 프로다!"
옆에서 같이 지켜보던 엄마가 등짝을 후려치시며 나를 훈계하신다.
그렇지... 물론 프로는 오버겠지만 적어도 저 여성은 자신의 목적달성을 위해 무엇이 필요한지 파악하고 준비를 잘 해왔다. 셀카든 뭐든 어쨌거나 사진에 관한 열정이 나보다 훨씬 뛰어난 건 분명하다. 언제부터인가 게으름이 열정을 삼켜버린 내 모습을 반성해야 했다... 물론 돌아서자마자 잊어버렸지만... 사람은 쉽게 바뀌지 않는다.
사진을 찍던 그녀의 옷차림만 봐도 딱 알 수 있었지만 가까이 가서 말을 걸어보니 역시나 한국 아가씨였다. 프레임이 예뻐서 그런데 사진 좀 찍겠노라 허락을 받았다.
"사진 필요하면 나중에 보내드릴까요?"
"아뇨, 괜찮아요."
"아 예..."
내가 사진 되게 못 찍게 생겼나 보다.
정답!

초고속
흑해관광

창틈으로 삐져 들어오는 햇살이 반짝반짝…
이름 모를 새들의 지저귐이 찌르르르~~
대륙 손님들의 식사하는 소리 "쮏뛞쓟빱뀕떪~~."
같은 호텔에 묵고 있는 네 명의 중국관광객들이 식사하며 나누는, 싸우는 듯 싸움 아닌 싸움 같은 대화소리 덕분에 숙면을 마쳤다. 언제 들어도 대륙의 기운은 우렁차다.
눈 사이에 눌어붙은 눈곱을 떼어내기도 전에 엄마를 모시고 1층으로 내려가 식사를 했다. 식사를 하는 중에 젱기스가 아침인사를 하러 왔다. 오늘은 뭘 할 거냐고 하길래 흑해의 아름다운 마을 아마스라에 간다고 대답해주었다. 젱기스는 고개를 끄덕이며 이따가 내려오면 가는 방법을 알려준다고 했다.
식사를 마치고 방에서 잠시 휴식을 취한 후 주섬주섬 짐을 챙겨 내려갔더니 젱기스는 해맑은 얼굴로 정류장 위치를 알려주며 11시에 돌무쉬가 온다고 한다. 시계는 10시 45분… 이런 젱기스…
허겁지겁 정류장으로 달려갔는데 연착으로 20분 정도 늦게 온 돌무

좀 더 뒤로 뒤로...

쉬를 타고 바르틴(Bartin)에서 환승 후 1시 40분쯤 아마스라에 도착했다. 도착하자마자 제일 먼저 해야 할 일은 돌아오는 차 시간을 알아놓는 것이다. 내린 곳이 종점인 만큼 머지않은 곳에 기점으로 보이는 건물이 있었다. 건물 앞에 돌무쉬 몇 대가 대기중이어서 운전석에 앉아 계시는 분께 바르틴으로 나가는 버스 시간을 물어봤는데 그냥 "Bartin OK! OK!" 하신다. 바르틴으로 가는지 안 가는지 물어보는 것으로 착각하셨으리라… 더 대화가 힘들 것 같아서 바로 옆에 있는 건물 안으로 들어갔다. 조금 젊은 여성이 데스크에 앉아 있었지만 역시 영어와는 거리가 멀었다. 막차 시간을 물었더니 충격적인 대답이 들려왔다.

"3시."

"what???"

뭐 이런 경우가 다 있어… 이제 막 도착했고 지금 시간이 거의 2시인데… 그럴 리가 없다는 생각에 당황해서 다시 되물었다.

"No!! No!! END TIME!!! END TIME!!!"

그녀는 알아들었는지 아님 알아듣고자 하는 의지가 없는 것인지 아무 대꾸도 없이 심드렁한 표정으로 손가락 3개를 쫙 펴보인다.

"아니 난 지금 막 도착했다고…!! 마지막!! LAST TIME!!! 엘! 에이! 에스! 티! 라스트!!"

그녀는 다시 한번 심드렁한 표정으로 메모지에 3이라는 숫자를 써서 나에게 건네주었다. 아... 설마 손가락 3개를 못 알아먹는 바보로 보는 건가!! 이해가 가지 않았지만 그 방안에서 우릴 쳐다보던 세 명 모두가 아무 말 않고 있는 것을 보면 그들과 나 사이에 뭔가 커다란 벽이 놓여 있는 듯했다.

"왜? 막차가 몇 시라 카는데?"

"아니 뭐... 3시라고 하긴 하는데... 자들이 못 알아들어서 그럴 거라요. 3시일 리가 없지."

"아이고 거서 일하는 아가 3시라 카면 3시 맞겠지."

"아니지. 설마 그럴 리가 있나... 지금 막차면 무조건 여기와서 1박을 하란 소린데 잭에도 보면 여기는 당일코스로 나온다."

"그래도 짐이 다 그 호텔에 있는데 차 끊키가 못가면 우얄라꼬... 미리 와가 있어야지..."

"차 없으면 히치하이킹 하마되지. 머가 그리 걱정이고?"

"하이고... 누가 머 그냥 태아준다카나..."

"당연하지. 우리 형제들이 태워줄끼라..."

"치아라 마! 그카다가 잡히간데이."

하아... 이것 참...

흑해를 보기 위해 2시간 넘게 차를 타고 달려왔는데...

"자! 저게 흑해입니다! 봤으면 이제 돌아갑시다!" 라고 해야 할 상황... 참으로 웃픈 상황이다. 그래도 나중에 어떻게 되든 일단 구경부

흑해는 파랗다!

(↑) 아마스라 마을 주민들의 센스

(↓) 아마스라의 주된 볼거리는 오래된 다리를 건너 섬 쪽으로 넘어가야 나온다.
다리를 건너면 곧장 몇 개의 간판이 보이는데, 죄다 오른쪽으로 화살표가 되어 있다 보니
우리도 자연스럽게 오른쪽으로 향했다. 위쪽 간판 내용은 "보기 드문 바다와 자연의 풍경이 있습니다" 라고 한다.

터 하고 보자 싶어 발걸음을 옮겼다.

그다지 크지 않은 해안마을과 작은 섬이지만 1시간에 모두 보기에는 너무나 촉박했다. 작은 섬을 대충 훑어보고 나오는 데만 벌써 1시간이 지나가버렸고 불안한 엄마의 발걸음은 점점 더 분주해져갔다. 섬을 돌아나오는 길 어느 모퉁이를 도는 순간, 내가 좋아하는 시장이 눈에 확 들어왔다. 여기 구경 좀 하고 가자고 엄마를 불렀지만 엄마는 들은 척도 하지 않으시고 부지런히 왔던 길을 따라 걸어가셨다.

"저기 구경 좀 하고 가자니까요!!"

어느 모퉁이를 돈 순간, 눈에 들어온 시장골목   오마이갓... 마음에 드는 소품들이 즐비하다.

"3시 막차라메!! 시계 봐라 3시 다 되어간다!!"
"아 글쎄 그 사람들 잘못 이해했을 거라니까... 또 막차면 어때요. 내 책임지고 돌아가주께."
"그기 말처럼 쉽나 이 양반아!"
"아 안 되면 택시타면 되지."
"택시같은 소리하고 있네... 그라마 니 혼자 보고 온나."
하아... 내가 왜 엄마와 같이 여행을 왔을꼬... 결국 이번에는 엄마에게 항복하고 엄마 뒤를 투덜투덜 따라가야만 했다.
올 때 17+4, 갈 때 4+17, 2명이니까 곱하기 2 = 42리라, 왕복 5시간. 차

비만 거의 4만원을 들여 아마스라까지 왔건만 겨우 한 시간 구경하고 돌아가는 꼴이라니...

어쩌겠나. 준비가 부족했고 무지몽매한 내 잘못인 것을 노파심에 서두른 노모 탓을 해본들 무엇하리... 바르틴으로 돌아와 사프란볼루로 가는 돌무쉬를 기다리는 동안 쓰라린 내 마음을 아시는지 모르시는지 엄마는 또 나의 예민한 곳을 콕콕 건드리신다.

"저봐라. 저쪽에 물소 두 마리가 배 끌고 가는 동상 있는 거 봤나? 가서 사진 찍어라."

"소 사진 찍어가 머 할라꼬예? 소고기 사물라꼬예?"

"이 마을에 전해지는 전설 같은 거 아니겠나?"

"정작 봐야 할 곳은 팽개치고 와서 전설은 무슨 전설! 그라고 제발 내한테 이거 찍어라 저거 찍어라 카지 마이소 쫌!"

결국 엄마가 직접 찍어오신 물소 동상

가뜩이나 꿀꿀한데 사진훈수를 두시는 엄마에게 화를 퍼부었다. 사프란볼루에 도착해서 다시 호텔로 돌아가자 젱기스가 깜짝 놀라며 왜 벌써 왔냐고 묻는다. 막차가 3시라고 해서 왔다고 하니 깜짝 놀라며 무슨 소리 하냐고...

늦게까지 차가 다닌다면서 뭔가 착오가 있었을 거라고 한다.

"거 봐요. 늦게까지 차 있다니까. 아까 걔들이 잘못 알아들었다니까!! 엄마 때문에 이게 뭐야!!"

"그라마 니가 첨부터 똑띠 알아보든가!!"

결국 서로 감정이 상한 채로 방에 올라갔다. 잠시 정리를 좀 하고 다시 나갈 준비를 했다. 감정은 상했지만 그렇다고 엄마 혼자 두고 다닐 수는 없었다.

"마을 구경이나 마저 하러 갑시다."

"니 혼자 댕기고 싶으면 혼자 가라."

"혼자 남아가 머할라꼬... 갑시다."

"됐다 마. 피곤타."

엄마가 삐쳤다...

"가라 카면 못 갈줄 아나."

나 역시 잔뜩 삐친 채 엄마를 뒤로하고 혼자 숙소를 빠져나왔. 사프란볼루는 규모가 그리 크지 않아서 반나절, 빠르면 서너 시간 안에 다 돌아볼 수 있다고 한다. 어제는 숙소문제도 있고 이래저래 정신이 없는 채 다니다 보니(사실 정신은 항상 외출중이지만) 구 시가지 아래쪽까지 가보지는 못했다. 엄마를 혼자 두고 온 탓에 약간은 심란한 마음으로 마을 아래로 내려갔다. 내려가다 보면 대장간 같은 곳들이 나오는데 각양각색의 장신구 등을 비롯하여 다양한 물건들이 전시되

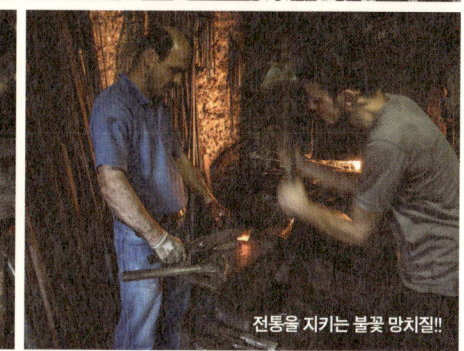

전통을 지키는 불꽃 망치질!!

잘 생긴 대장장이 2세

어 있다. 요즘 세상에 점점 찾아보기 힘든 곳이 되어가는 대장간이지만 마을 전체가 문화유산으로 지정된 만큼 이곳 사프란볼루에서는 없어서 안 될 중요한 곳이 되었다.

대장간 안쪽에서 들려오는 우렁찬 망치소리에 입구에서 카메라를 들고 기웃거리자 들어와서 구경하라며 흔쾌히 손짓을 해주었다.

그 자체로 세계문화유산인 이 마을에서 보수할 곳이 생기면 어김없이 이곳에서 담당을 한다. 또한 문화유산으로 지정되다 보니 낡은 부분을 새것으로 교체하는 것이 아니라 그 부분을 그대로 재가공해서 동일한 형태, 디자인으로 만들어낸다고 한다. 구멍이 숭숭 난 장갑에서 오랫동안 지켜온 그들의 자부심이 느껴지는 듯하나.

대장간을 빠져 나와 계속해서 길이 이어지는 곳으로 무작정 걸어가는데 어디선가 들려오는 아이들의 소리. 관광객들의 동선을 벗어나다 보니 어쩌다 현지 동네꼬마들이랑 맞닥뜨리게 되었다.

한 여자아이가 나를 보자마자 "오!!! 뽀또!!!! 뽀또!!!!!" 하면서 무서운 속도로 달려왔다. 묻지도 따지지도 않고 내 카메라를 덥석 잡아들더니 자기 눈에 갖다 대면서 주위를 찍어대기 시작한다.

아... 동심파괴자로서 평소처럼 그냥 뺏어들고 무시하면 되는데 형제의 나라에서 동네사람들이 쳐다보는 가운데 차마 그럴 수는 없었다. 카메라 줄을 손에 꽉 쥔 채 만일의 사태에 대비했다.

남의 물건 함부로 만지면 못쓴다고 주변 어른들이 좀 말려주시면 좋

으련만 그저 재미난 구경하듯 앉아만 계셨다. 행여나 떨어뜨리거나 고장내지는 않을지 노심초사... 10시간 같은 10분이 지나가고 드디어 되찾은 카메라로 단체사진을 찍어주니 아이들이 고맙다고 하는데 놀랍게도 영어로 이야기를 한다. 터키의 학교에서 정식으로 영어교육을 시작한 지 몇 년 되지 않았기 때문에 성인들보다 오히려 이런 꼬마들이 영어를 더 잘했다. 간단한 자기소개 정도는 할 수 있을 정도로...

사슴뿔을 처마에 매달아놓은 모습을 쉽게 볼 수 있는데, 터키에서는 저것이 행운을 불러온다고 믿는다.

계속 골목을 돌아다니면서 동네 꼬마들을 만나다 보니 마을이 점점 어둑어둑해지기 시작했다. 비록 다툼은 있었지만 그래도 혼자 계실 엄마 생각에 서둘러 숙소로 돌아왔다. 주무시거나 쉬고 계실 줄 알았던 엄마는 내 옷과 양말까지 그동안 밀렸던 빨래를 잔뜩 해놓고 계셨다. 삐쳐도 역시 엄마는 엄마다.

"밥 무러 갑시다."

"니 혼자 가서 무라."

"아직도 삐졌나."

"삐지긴 멀 삐지노. 빵 사둔 거 잼 발라묵고 체리 사둔 거 씻어 묵고 엄마는 알아서 뭇다. 니나 챙기무라."

엄마를 두고 혼자 먹기도 뭣 해서 남은 빵 조각을 뜯어먹다가 엄마에게 하맘 체험 하자고 이야기했다. 사프란볼루에서 유명한 또 한 가지가 바로 하맘! 우리말로는 목욕탕이다.

하맘
체험

사프란볼루의 진지하맘(Cinci Hamam)은 터키의 대표적인 목욕탕 중 하나다. 17세기에 만들어져 당시 실크로드를 오가던 상인들의 피로를 풀어주던 것이 아직까지 그 명맥을 유지하고 있다. 역사적으로는 물론 가격적으로도 다른 곳보다 훌륭한 편이다. 카파도키아에서 같은 숙소에 묵었던 어르신 한 분이 사프란볼루에 가면 무조건 가보라고 적극 추천해 주셨는데 이스탄불(70~90리라)과 비교해서 거의 절반 가격(40리라에 OK!)이라고 하셨다.

터키탕... 우리나라에서도 말로는 많이 들었던 이름이지만 일본으로 건너간 하맘이 음지에서 변질되어 다시 우리나라로 들어왔다는 이야기도 있다. 어쨌든 터키의 목욕문화를 또 언제 체험해보겠나 싶어 엄마에게도 함께 가자고 했으나 엄마는 나 없는 동안 이미 목욕 다 하셨다고 끝끝내 거부하셨다. 결국 혼자서 돈을 들고 터벅터벅 걸어 진지 하맘으로...

입구로 들어서면 직원이 열쇠와 큰 수건을 준다. 탈의실에서 옷을 갈아입고 나오라고 하는데 팬티까지 다 벗는지 물어보니 고개를 끄덕거린다. 이상하다? 내 기억에 속옷은 입고 들어가야 한다고 얼핏 인터넷에서 본 것 같아서 두 번 세 번 다시 물어봤다.

"정말 다 벗어?"

알아들었는지 어쨌는지 그는 고개를 끄덕였다.

"진짜 전부 다?"

확실히 하기 위해서 팬티를 보여주며 재차 물어봤는데도 고개를 끄덕거렸다. 긴가민가하면서도 일단 팬티까지 다 벗고 수건을 허리에 두르고 나오니, 아치형의 작은 문 안으로 안내해준다.

일단 우리나라의 목욕탕과 다른 점은 물이 가득 담긴 탕이 없다는 것. 뭘 어찌해야 할지 몰라 비루한 몸뚱이를 가린 채 멀뚱멀뚱 남들 눈치만 살폈다. 탕도 없고 샤워기 같은 것도 없고... 그저 곳곳에 마련되어 있는 작은 세면대 같은 곳에 물을 받으면서 바가지로 그 물을 퍼부으며 해결해야 했다. 비누칠을 해서 대충 씻고 다시 멀뚱멀뚱 있으니까 후세인처럼 콧수염 풍성한 아저씨가 오라고 손짓을 한다.

오라니 가야지... 막 일어서려는데 옆에서 날 예의주시하고 있던 한 아저씨가 내 팔을 낚아채며 반대편에 있는 작은 나무문을 가리키며 들어가라고 하셨다. 문을 열자마자 후끈한 기운이 쏟아져 나오는 사우나였다. 그곳에서 15분 정도 때를 불리고 난 후 다시 콧수염 아저씨에게로 갔다.

아저씨는 대리석침대 위에 나를 눕힌 후 숙련된 손놀림으로 시원하게 때를 밀어 나갔다. 우리나라처럼 박박 미는 건 아니고 비누칠을 한 샤워타월 같은 것으로 부드럽게 슥슥...

때밀이가 끝나고 나면 마사지를 할 것인지 물어본다. 당연히 OK! 자루 같은 것을 몸 위에 올려놓고 쥐어짜자 풍성한 거품이 이내 온몸을 뒤덮었다. 그리고 여행으로 지친 내 몸을 골고루 어루만지는 아저씨. 향긋한 비누냄새와 거품이 코 끝을 간질간질하니 기분까지 상쾌해...지는가 싶어 눈을 떠보니 내 코 끝을 자극하는 것은 아저씨의 복부에 자라난 풍성한 배렛나루였다. 편안함을 느껴야 할 마사지를 받으며 모든 감각이 눈앞을 왔다갔다 하는 아저씨의 배렛나루에 집중되어 정신을 차릴 수 없었다. 나만 그런 것인지 기본 마사지타임이 짧은 것인지... 아니면 너무 배렛나루에만 집중해서인지는 모르겠지만 생각보다는 너무 일찍 끝이 난 듯하다.

마사지 후 수건으로 몸에 젖은
물기를 닦고 나면 아저씨가 커다
란 수건으로 머리와 온몸을 감
싸주신다. 때밀이에 마사지까지
모두 40리라, 우리 돈으로 2만원
이면 우리나라 목욕탕, 세신 가
격과 비교해도 크게 차이는 나지
않는다.

쌀쌀한 밤공기를 느끼며 한층 산
뜻해진 몸과 마음으로 숙소에 돌아오니, 엄마는 고로롱고로롱 코를
골며 터키의 꿈나라를 헤매는 중이셨다. 밤에 싸돌아다니지 않는 것
이 해외여행의 안전 수칙이지만 짧은 시간 내가 느낀 사프란볼루는
그러한 걱정 따위는 전혀 필요 없었다. 엄마가 깨지 않도록 조심조심
옷을 갈아입고 다시 밤거리로 나와 마지막이 될 사프란볼루의 야경
을 눈에 담았다.
아... 그리고 나중에 확실히 알게 된 사실... 터키의 목욕탕에서는 속
옷을 입어야 한다.

사프란볼루를 떠나는 날.
오늘 우리는 터키를 떠나 불가리아의 수도 소피아로 향한다. 트라브

존으로 갈까 말까 고민했던 우리를 숙소 사장님이 말렸던 이유 중 하나가 트라브존까지 버스로 13~14시간을 가야 하는데 어머니에게도 그렇고 너무 힘이 들지 않겠느냐 하는 것이었다. 그때는 불가리아와 이스탄불, 이스탄불과 조지아의 거리만 생각했는데 이제보니… 불가리아의 수도 소피아는 불가리아에서도 서쪽 끝에 위치하고 있어서 사프란볼루와는 1,000km에 가까운 만만찮은 거리에 있었고 어쨌든 오늘 우리는 15시간 이상을 달려야 한다.

무시무시한 시간을 버스에서 보내야 하는 만큼 시간도 절약하고 돈도 절약하기 위해서 또다시 야간버스를 타기로 했다. 엄마도 돈을 떠나서 낮시간을 버스에서 보내는것이 너무 아깝다고 하신다. 젊은 사람들도 한 번 타고 나면 혀를 내두르는 야간버스를 힘든 내색 한번 하지 않고 오히려 먼저 나서주시는 엄마에게 다시 한번 미안한 마음과 고마운 마음이 들었다.

식사를 하고 있는데 오늘도 예의바른 청년 젱기스가 인사를 하러 와서는 오늘 계획을 물어본다. 괜히 둘이서 버스타고 돌아다니다가 또 무슨 허탈한 꼴을 당할까 싶어 리셉션 앞에 붙어 있는 투어 리스트를 보고 골랐다.

카파도키아에서와 같은 투어를 좋아하지는 않지만 이것은 젱기스의 택시를 대절해 이동하는 것이고 딱히 시간에 쫓길 필요는 없어보였다. 다만 택시 한 대 이동가격이기 때문에 사람이 많을수록 이득이다.

투어할 사람을 모아서 같이 하면 좋은데, 아직 비수기에 평일이라 사람 구경하기도 힘든 상황이니 그냥 엄마와 둘이서 오붓하게 즐기기로 하고, 구경을 하다가 바로 버스타러 갈 수 있게 짐을 모두 싸서 택시에 실었다. 그리고는 사프란볼루 근교에 있는 요룩마을로 출발했다. 사프란볼루에서 동쪽으로 약 11km 떨어진 곳에 있는 요룩쾨이 유목민 마을(Yoruk Koy). 요류쾨이, 요류쿄이, 요륵코이... 발음이 어렵다. 그냥 여기서는 읽기 쉽게 '요룩'으로 대동단결!

이곳 역시 사프란볼루처럼 옛 모습이 잘 보존되어 있다. 길게는 450년, 가장 최근에 지은 집이라 해도 90년이 넘을 만큼 마을 전체가 박물관이라고 봐도 무방하다.

요룩마을에 도착할 때쯤 젱기스는 어디선가 걸려온 전화를 받더니 마을 입구에 우리를 내려주고는 15분 후에 마을 중앙에서 만나자며 차를 타고 가버렸다. 뭐지... 일단은 마을 안으로 들어가 보기로 했다. 마을 입구에서 때마침 도착한 돌무쉬에 동네 사람들이 우르르 올라탄다. 그리고 돌무쉬가 떠나가고 난 이후에는 그 차에 모두 타고 떠났나 싶을 만큼 사람 구경을 할 수 없을 정도로 요룩마을은 고요했다.

잠시 후 젱기스가 돌아왔는데, 홍콩에서 왔다는 여자손님과 함께였다. 조금 전에 호텔에 도착하는 바람에 따로 오게 되었는데 우리와 같이 다니자고 한다. 음, 그러면 젱기스는 일석이조가 되는데 투어비용을 나눠야 하지 않을까... 하는 생각을 머릿속에서만 떠올렸다.

1. 세련되고 웅장한 자미들만 보다가 오래된 자미를 보니 오히려 새롭다.
2. 세월을 그대로 담고 있는 듯한 집

젱기스는 딱히 설명해주는 것도 없이 슬리퍼만 질질 끌며 우리를 데리고 여기저기 걸어 다녔다. 원래 이런 식인지 아니면 내가 영어를 잘 못하니 말을 아끼는 것인지는 모르겠다. 그러다 처음으로 젱기스가 입을 연 곳은 시파히오울루 코낙(Sipahioglu Konak). 요룩마을의 오래된 오스만 가옥들 중 하나다.

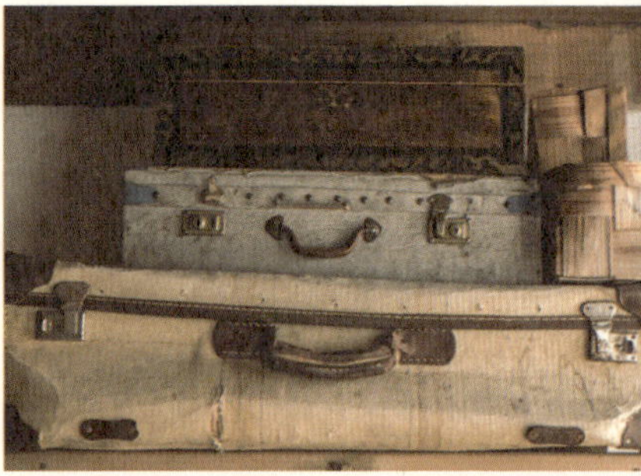

건물과 내부 장식 모두가 하나의 박물관을 방불케 하는 시파히오울루 코낙

젱기스가 데려다준 카페 앞, 역시나 폐품을 이용한 조경이 인상적이다.

자연스럽게 안내해주기에 무작정 따라 들어갔는데 입장료를 달라고 한다. 2리라였던가... 크게 부담되는 금액이 아니라 사프란볼루에서 패스했던 전통가옥 박물관을 여기서 만회하는 셈치고 입장했다. 젱기스는 건물주와 수다를 떨고, 우리끼리 비닐버선을 장착하고 올라가서 구경하다 내려와야 했다.

요룩마을은 사전 지식을 갖고 오려고 해도 인터넷 자료가 거의 없다. 집 안의 수많은 물건들도 가이드가 설명해주지 않으면 그저그런 소품이요, 용도도 잘 알 수 없다. 요룩마을의 또 다른 볼거리가 마을 공동빨래터라고 하는데, 우린 그런 것이 있는 줄도 모른 채 젱기스의 안내에 따라 택시에 탑승했다. -_-

나의 여행은 항상 그렇다. 자유로움과 무지(無知) 사이에서 이도저도 아닌 어정쩡한 포지션을...

사람들은 말한다. 아는 만큼 보인다고... 그럴 때 나는 반박했다. 아는 것만 보게 될 수도 있다고... 알면 알수록 알고 있는 것의 틀에 갖혀, 모르는 상태에서 볼 때 느낄 수 있는 것들을 놓칠 수 있다. 처음엔 그럴싸한 궤변이라 생각했지만 시간이 지나고 여행을 할수록 그러한 생각은 점점 사라졌고 지금은 무지한 자의 부끄러운 핑계일 뿐이라는 생각이 든다. 어쨌거나, 요류마을에서 다음 목적지인 인제카야 수도교를 보기 위해서는 다시 사프란볼루를 통과해야 했다. 지나가는 길에 잠깐 오토갈에 들러 이스탄불행 버스시간을 알아보니 한 시간 이내로 후다닥 다녀와야 했다.

북쪽으로 7km쯤 떨어진 토카틀르 협곡 사이를 가로지르는 거대한 다리가 이곳에서 유명한 인제카야 수도교다. 비잔틴 시대에 수로의 용도로 지어졌으나 로마가 폭망하면서 기능을 상실하고, 그냥 상인들이 지나다니는 다리로 이용되었다고 한다. 시간이 없어 건너가 볼 생각은 못하고 눈요기만 하는데 그쳤다.

수도교에서 300m 정도 떨어진 곳에는 테라스가 유명한 '크리스털 카페' 라는 곳이 있는데, 발 아래가 유리로 되어 공중에 떠 있는 듯한 느낌을 준다. 카페를 통해 들어가도 3리라를 내야만 크리스털 테라스에서 협곡을 감상할 수 있다. 하지만 우선 바닥이 깨끗하지 않고, 발 바로 밑으로 바위가 잔뜩 나와 있어서 실제 공중에 떠 있는 느낌은 거의

들지 않았다. 말이 크리스털 테라스지 투명한 유리의 장점은 거의 없다. 맞은 편의 폭포도 초라한 편이고, 3리라가 아까울 정도...

내가 들어갔을 때는 주위에 손님이 별로 없었는데, 내가 나오자마자 단체 관광객들이 들어섰다. 어쩐지 나 혼자 속는 것은 아닌 것 같아 아주 잠깐 행복한 미소가 지어진다.

함께 다니던 홍콩여성은 볼락동굴을 보러 간다고 하는데 우리는 시간문제로 일정을 마무리하고 곧장 버스표를 끊을 수 있도록 오토갈로 데려가 달라고 했다.

12시 15분 버스. 티켓 끊는 것을 확인하고 매표소 직원에게 우리를 잘 부탁한다고 신신당부 해주는 젱기스.

투어비를 정산하는데 홍콩 손님 한 분 더 받았다고 아주 조금 할인을 해주었다. 소심해서 그 부분 할인해달라는 소리도 못했는데 젱기스 양심이 살아있네~!

2박 3일간 참 많은 감정의 변화를 느끼게 만든 사프란볼루를 뒤로하고 이제 불가리아를 향해서 부르릉~!

Bulgaria Sophia
불가리아 소피아

소피아의 아침 | 프리 소피아 투어
끝날 때까지 끝난 게 아니다 | 죽
기 전에 꼭 가보라던 릴라수도원

소피아의
아침

고속버스가 도로 한가운데에
손님과 짐을 내려놓는다.

2주 만에 다시 찾은 이스탄불. 터미널과 휴게소에서만 서는 우리나라 고속버스와 달리 터키의 돌무쉬는 동네 좁은 길까지 구석구석 돌아다니며 손님을 내려준다. 예상 소요시간이 6시간이었는데 퇴근 시간과 맞물렸는지 7시간 반 만에 이스탄불 오토갈에 도착했다.

역시나 여태껏 봐 왔던 오토갈과는 비교도 되지 않을 만큼 혼잡했다. 사프란볼루가 워낙 조용했던지라, 버스에서 내리자마자 밀려오는 수많은 사람들과 시끄러운 소리, 어수선한 분위기에 사진 찍을 생각도 못하고 잔뜩 움츠러들었다. 우리를 발견한 버스회사 직원들이 손짓을 하며 호객행위를 했다. 작은 도시에서는 크게 거부감이 없었는데 이렇게 큰 곳에서 저렇게 호객을 하니 나를 등쳐먹기 위해 서로 경쟁하는 사기꾼 같은 느낌이 들어 쳐다보지도 않고 앞만 보고 걸어갔다.

국제선 버스를 취급하는 곳에서 불가리아행 티켓을 끊고 8시 30분 버스에 올라탔다. 처음 만난 불가리아인은 버스 보조승무원. 터키에서는 남자만 봤는데 여긴 여자였다. 미인은 아니었지만 딱히 못나지도 않은... 하지만 겁나게 차가운 표정의 아줌마였다. 터키 여자들은 우리를 보면 늘 따뜻하게 미소를 보여줬는데 이 승무원은 '이것들이 우리나라에는 왜 온 거

건물 곳곳에 붙어있는 검은 리본. 우리나라 세월호 참사가 일어난 비슷한 시기에 터키에서 일어난 광산 참사를 기리는 리본이다. 우리도 터키도 각자의 사건을 절대 잊지 말아야 할 것이다.

불가리아로 고고!!

지? 하는 표정에 싸늘하게 내리끼는 시선으로 우리를 쳐다보며 티켓을 확인하고 여권을 걷어갔다. 방송에서는 뭐라고 쏼라쏼라 떠들어대지만 알아듣지 못하니 무시하고 적당히 남들 따라하기로 했다.
버스는 두 시간 반 정도 달려서 국경 근처 휴게소에 잠깐 들른 후 국경 출입관리소에 도착했다. 예전에 발칸반도 쪽으로 패키지여행을 한 적이 있었는데 당시 국경 검문소를 통과할 때 절대 사진을 찍으면 안 된다고 가이드가 엄포를 놓았던 기억 때문에 카메라를 꺼낼 생각조차 하지 않았는데... 나중에 인터넷으로 검색해보니 국경 인증사진

이 굉장히 많았다. 혹시라도 문제가 생기면 자기가 엄청 귀찮아지기 때문에 일부러 겁을 준 건 아닐런지...

그나마 예상보다 일찍 검문이 끝나서 다시 버스에 올라 새벽 5시쯤 소피아 버스터미널에 도착했다. 예상 도착시간은 6시였는데 너무 일찍 도착해버렸다. 밖은 아직 캄캄했기 때문에 터미널 안에서 시간을 때우다가 동이 터오는 것을 확인하고 예약해둔 숙소를 향해 발걸음을 내디뎠다. 이른 새벽이라 거리는 쥐죽은 듯 고요했고 눈에 들어오는 주변 건물들이 터키와는 분위기가 사뭇 다름을 알 수 있었다.

그 와중에 길을 묻기 위해 한 남자에게 말을 걸었고 그 남자는 자기와 같은 방향이라면서 자기 출근중이니까 같이 가자고 한다.

그 남자는 어리바리해 보이는 동양인들에게 궁금한 것이 많은지 걸어가는 중에 이런저런 질문을 하는데 대충 감으로 내용을 이해하고 짧고 명료한 대답으로 극복했다. 그리고 내가 여행하면서 대화를 할 때마다 꼭 쓰는 말을 그에게도 똑같이 했다.

"내가 영어를 잘 못해서 미안해..."

그러자 그 남자는 손가락을 까딱거리며 나에게 말했다.

"아니야. 그 정도면 훌륭해. 아무 문제 없어. 사실 나는 영어를 할 수 있지만 이곳 사람들 대부분은 영어를 아예 못해!"

아... 처음 만난 사람이 영어를 잘하니까 당연한줄 알았는데 나보다 못한다는 말을 듣고 나니 안도감 보다는 걱정이 앞서기 시작했다.

그도 그럴 것이...

'안녕'이라는 인사말은 터키어로 merhaba라고 쓰고 '메르하바'라고 읽는다. 하지만 불가리아어로는 Здравейте라고 쓰고 '즈드라베이떼'라고 읽는다. 터키어는 대충 읽을 수라도 있지만 이 낯선 키릴문자는 그야말로 검은 것이 글씨라는 것 말고는 알 수가 없었다.
과연 이곳에서 길이나 제대로 찾아다닐지...
하긴, 사람들이 영어를 잘해도 내가 잘 못 찾아다니는구나...

여행 전에는 어디서 자든 상관하지 않겠다고 하시며 8인실이든 10인실이든 내가 가는 대로 쫓아오시겠다던 엄마는 정작 현실에서는 2인실만을 원하셨다. 그래서 이번에는 여러 명이 쓰는 도미토리를 선택

(↑) 기묘한 벽화들
(↓) 환전을 위해 기다리는 사람들.
간판의 글자가 낯설다.

해서 젊은 외국 여행객들의 자유분방함을 조금이나마 느끼게 해드리고 싶었다. 물론 대화는 하실 수 없으시겠지만 눈빛을 교환하는 작은 교감에서도 조금은 색다른 무엇인가를 느낄 수 있지 않을까?... 하는 마음에서였다.

호스텔 리셉션에서 여권을 꺼내 주며 예약했던 이름을 불러줬다. 근데 이 건물은 도미토리 전용이니까 2인실은 근처에 있는 다른 건물로 가야 한단다. 아니... 나는 도미토리 예약했다고...

그는 무덤덤한 표정으로 모니터를 보여주는데 그곳에는 확실히 내 이름 석자에 2인실이 잡혀 있었다. 그럴 리가 없는데...

와이파이 비밀번호를 얻어 접속한 뒤 폰으로 내 예약내역을 찾아봤는데 역시나 당당하게 2인실이 예약되어 있었다. 도미토리와 2인실 사이에서 잠시 고민하다가 도미토리 선택한다는 게 나도 모르게 2인실로 했나 보다. 버릇이 무섭구나...

허탈한 마음으로 직원의 안내를 받아 약 300m 떨어진 별관으로 갔다. 그래, 그냥 엄마가 원하시는 대로 된 거라고 치자. 그럼 된 거지...
대충 짐만 풀어놓고 약간의 소피아 정보만을 가지고 방을 나섰다. 올 때는 사람 구경이 힘들었는데, 8시쯤 되니 북적북적 제법 거리에 생기가 돌기 시작했다.

소피아 시내 이곳저곳을 기웃거리며 돌아다녀 보니 이곳의 교통도

1. 오픈 준비를 하는 레스토랑 점원 2. 그냥 면티에 면바지인데... 패션의 완성은 비율

혼돈의 카오스 그 자체였다. 차나 자전거나 사람이나 트램이나... 신호등도 없고 뭐 대충대충 알아서들 지나다닌다.
지나가는 사람 중 한 명을 붙잡고 길을 물었다.
"뽀삐에 가려면 어디로 갑니까?"
인터넷 검색을 통해 알아본 바로는, 소피아의 대표적인 만남의 장소라 해도 무방할 만큼 유명한 곳이라 누굴 붙잡고 물어봐도 다 알려줄 거라고 나와 있었기 때문에 믿어 의심치 않았으나... 그 사람, 의아한 표정으로 나를 빤히 쳐다본다. 아... 영어를 못하나 싶어서 목적지만 간단히 이야기했다.
"뽀삐!"

여전히 못 알아들었는지 두 눈만 끔뻑이던 그가 반대로 나에게 되물어왔다.

"뽀빠?"

"아...! 예스! 뽀빠! 뽀빠!"

뽀빠는 불가리아의 대주교를 칭하는데 한 나라의 위대한 종교인을 화장실 휴지와 착각하다니 괜히 민망해졌다. 아니지... 어차피 그 사람은 뽀삐가 휴지인줄 모르잖아? 그럼 패스... ㅎㅎ

그가 가리키는 손가락 방향으로 조금 걸어가니 뽀빠동상이 서 있는 작은 광장이 나타났고, 조금 더 올라가자 과일가게들이 줄지어 늘어서 있었다. 탐스럽게 영글다 못해 터질 것 같은 체리가 우릴 유혹했지만 사먹을 수 없었다. 불가리아에서는 '레바'라고 하는 불가리아 화폐를 써야 하는데 아직 환전을 못했기 때문이다. 하지만 뽀빠광장으로 온 이유가 바로 그것, 소피아에서 가장 환율을 잘 쳐준다는 환전소가 근처에 있기 때문이다. 소문대로 환전을 하기 위해 사람들이 길게 줄을 서 있었기 때문에 금방 찾을 수 있었고, 우선 234레바(약 17만원 정도. 당시 환율 1유로가 1450원, 1레바가 약 750원)를 환전했다. 그리고 엄마를 향해 크게 외쳤다.

"자... 오늘 체리는 내가 쏜다~!!"

프리 소피아
투어

소피아 법원으로 향했다. 물론 법원에 볼일이 있는 건 아니고 매일 11시에 시작한다는 '프리 소피아 투어'에 참가하기 위해서다.
소피아에서는 대학생들이나 자원봉사자들이 나서서 오전 11시와 오후 6시, 하루 두 번 관광객들을 위한 무료 가이드를 해주는데 걸어다니면서 진행되기 때문에 '프리워킹투어'라고도 한다. 그 출발점이 바로 법원 앞이다. 법원 앞에서 서성이는 사람들이 차츰 늘어나다가 정확히 11시가 되자 피켓을 든 가이드가 나타나 인원점검을 시작했다.

법원 앞 사자동상. 앞발 뒷발이 동시에 나가도록 잘못 만들어져 '멍청한 사자'로 불린다.

가이드가 자기소개와 투어에 관해 간략하게 설명을 하는데 당연한 일이겠지만 모든 것은 영어로 진행된다. 오늘 우리 팀을 맡은 가이드는 알렉산드라 양. 하루에 두 번씩, 매일 진행되는 만큼 수많은 관광객들을 상대하겠지만 상대적으로 동양인의 빈도는 높지 않기 때문일까... 우리 모자는 곧바로 그녀의 표적이 되었다.

나에게 제일 먼저 다가와 이런저런 질문을 시작하는데, 어디서 왔냐? 옆에는 엄마냐? 숙소는 어디로 정했냐?... 밥은 먹고 다니냐?... 왜 말이 없냐?... 바보냐?... 그녀의 질문에 식은땀을 흘리며 더듬더듬 대답했고 그녀의 포기는 빨랐다.

'아.. 이 아이는 안 되겠구나...' 하는 것을 깨달은 듯...

그 이후로 가이드 중간중간 가끔씩 나를 힐끗거리는 그녀의 표정에서 '저 녀석은 지금 뭐라는지 알아듣고 있긴 한 건가?' 하는 듯한 느낌을 받게 되었다. 물론 자격지심에서 나오는 개인적인 감정이겠지만 벌거벗겨진 듯 부끄러웠다. 그리고 정말 영어공부를 해야겠다고 마음먹었지만 여행이 끝나고 글을 쓰는 지금도 그 작심은 전설로만 전해지고 있다.

투어 첫 번째 장소는 성 네델리아 교회. 1925년에 황제를 노린 테러로 인해 한 차례 파괴되었다가 재건된 역사적인 곳이다. 황제는 운이 좋은 사람인지 사상자 수가 150여 명이나 되지만 살아남았다고 한다. 프리 소피아 투어가 원래 그런 건지 우리 가이드만 그랬는지는 모르겠지만 건물 내부로 들어가지는 않고 밖에서만 설명해주고 곧장 다음 장소로 이동한다.

1. 구 공산당 본부 2. 성 네델리아 교회 3. 바냐 바쉬 모스크 4. 지하철 공사중에 발견한 로마유적들

네델리아 광장에는 소피아의 여신상이 있는데, 손에는 월계관을 들고 있고 지혜의 상징인 부엉이가 팔에 앉아 있다. 오래 전에는 구 소련의 히어로 레닌의 동상이 있었는데 여신상으로 바뀌었다고 한다. 그렇다면 이것은 트랜스젠동상?

여신상 앞에는 1층도 아니고 지하도 아닌 어정쩡한 반지하 위치에 지하교회가 있고 바로 옆에는 이슬람의 모스크가 우뚝 서있다. 불가리아도 옛날에는 오스만투르크의 세력권이었기 때문에 기독교가 숨어 다녔다는 것을 잘 나타내주는 현장이다.

땅 위에 세워진 비교적 근대의 건물들뿐만 아니라 지하에서도 유적들이 종종 발견되는데 소피아의 옛 이름인 세르디카의 유적이 대표적이다. 지하철을 만들려고 땅을 파다가 우연히 발견한 로마시대의 유적들인데 생각지도 못하게 발견되는 이런 유적들은 후손의 입장에서 정말로 땡큐한 일이 아닐 수 없다.

최근 우리나라에서도 고조선시대의 선사유적이 대규모로 발굴되었는데 그곳에 테마파크를 세운다고 기사가 났다. 학계에선 해당지역에 유적존재의 가능성이 있다고 아주 오래 전부터 이야기를 해왔는데 기어이 사업을 추진하더니 유적이 발굴되고 나서도 포기하지

1. 식수용 공공 온천 2. 불가리아 대통령궁 앞
3. 대통령궁 안쪽에 있는 성 게오르그 교회. 소피아에서 가장 오래된 건축물이라고 한다. 목욕탕으로 태어나 (2세기) 교회로 자랐고 (5세기 역할변경) 시집가서 모스크로 살다가 (16세기 투르크에 정복당함) 이혼 후 교회로 돌아온 사연많은 건물이다(독립).

않고 사업을 추진하고 있다고 한다. 분명 돈깨나 있는 양반들의 작품일 것이며 그런 양반들이면 여기저기 해외여행도 많이 다녔을 텐데 도대체 무엇을 보고 무엇을 느끼고 다녔을까? 유적지를 보며 주변 땅값을 생각하고 유적지를 보며 호텔 지을 생각을 하고 유적지를 보며 관광객 숫자만을 세었겠지. 아무런 경쟁력이 없어도 정말 유적 하나로 먹고사는 나라들도 많은데 줘도 못 먹는, 아니 안 먹는 높으신 분들. 참 한심한 일이다.

적절한 인원 배치

그곳을 나와 대통령궁을 지날 때였다. 어쩐지 어수선한 분위기에 시선을 돌렸더니 몇몇 시민들이 모여 시위중이었다. 참가자들은 피켓을 들고 확성기를 통해 자유롭게 할 말을 하고 시위 참가자들에 비해 몇 되지 않는 경찰만이 말없이 지켜보고 있었다. 청와대 근처는 꿈도 못 꾸고 늘 차벽에 가로막히며 과잉진압 당하는 우리나라 현실과 비교했을 때 사소하지만 무척이나 부러운 모습이었다.

자리를 이동해서 오전에 보았던 이반 바조프 국립극장으로 오니, 사람들이 모두 목을 빼고 나무 위를 바라보고 있다. 3월부터 걸려 있다는 이 실의 정체는 '마르테니짜.' 우리나라의 입춘처럼 불가리아에서

는 봄을 맞이하는 날을 3월 1일로 정해 '바바 마르타'라고 부르는데, '3월(마르타) 할머니'라는 뜻이다. 워낙 이 동네의 날씨가 고약해서 붙은 이름이라고 한다. 흰색은 순수와 행복을, 빨간색은 건강과 풍요를 상징한다. 우리나라의 복조리처럼 불가리아에서는 이 마르테니짜를 이용해서 행운을 빌어준다고 한다.

이후 몇 곳을 더 돌아보다가 프리워킹투어의 종착역이자 소피아 관광의 랜드마크인 성 알렉산더 네브스키 성당(Cathedral Saint Alexandar Nevski)에 도착했다. 이 성당은 발칸반도에서 가장 클 뿐 아니라 가장 아름다운 성당이라고 한다. 가장 크다는 것은 수치로 증명이 되는 사항이니 인정하지만 가장 아름답다는 것은 주관적인 견해이므로 인정할 수 없다.

성 니콜라이 교회(↑)
성 알렉산더 네브스키 성당(↓)

그런 나와는 달리 엄마는 무척이나 좋아하신다. 조지아 대신 오게 된 불가리아였기 때문에 엄마 마음에 들지 않으면 어쩌나 걱정이 많았는데 이 성당을 보시면서 어찌나 좋아하시는지... 세상에 이렇게 예쁘고 멋있고 웅장한 건물이 또 있냐면서 소피아에 참 잘 왔다고 물개박수를 치신다. 그런데 너무 과하게 좋아하시니까 괜히 나한테 조지아 못 간 것을 미안해하지 말라고 일부러 그러시는 것 같은 느낌이...
성당 내부 역시 온갖 대리석과 컬러풀한 벽화, 으리으리한 샹들리에 등으로 뒤덮여 화려함을 뽐내고 있었다. 다만 내부 사진 촬영금지라는 마크가 입구에 그려져 있어서 카메라에 담지는 못했다. 나중에 인터넷 검색해보니 다들 안에서 잘만 찍고 다니더라...
비록 자세한 내용은 따로 공부해야 했지만 혼자 다녔다면 제대로 찾아다니기 힘들었을 소피아의 주요 포인트를 프리워킹투어 덕분에 쉽게 볼 수 있었다. 그리고 투어를 마무리하기 위해 잠시 근처 공원에 모이는데 사람들이 주섬주섬 주머니를 뒤지기 시작했다. 그 이유는 이미 사전검색을 통해 알고 있었다.
무료가이드 라고는 하지만 투어가 끝나면 수고한 가이드를 위해 자발적으로 팁을 준다는 것을... 그리고 가격은 정해져 있지 않고 그저 자기 마음을 담아 전해주면 된다는 것을... 물론 전혀 도움이 되지 않았다고 느끼면 주지 않아도 무방하다는 것을...
하지만 우리가 누구인가... 체면을 중시하는 동방예의지국민이다. 식당에 들어가 앉은 후 주문하지 않고 다시 나오는 것조차 눈치를 보는데 실컷 이야기 듣고 그냥 가버릴 수는 없었다. 자네도 더운데 고생했으니 그냥 넘길 순 없지. 그나저나 얼마나 줘야 하나... 우린 둘이서 들었으니 1레바 동전 두 개면 되겠지?... 라는 생각을 하는 순간 대머리 아저씨 한 명이 누런 종이를 꺼내들었다. 색상을 봐서는 10레바 아니면 50레바인데 설마 50레바일 리는 없고 분명 10레바 지폐였다.

나는 느꼈다. 나 말고도 몇몇 움찔하는 다른 관광객들의 흔들린 동공을... 조금 전까지 '더운데 고생했으니 대가를 지불해야지'라고 했던 생각이 '난 영어를 못해서 제대로 알아먹지도 못했는데 돈을 내야 하나?'라는 간사한 생각으로 바뀌는 것은 순식간이었다. 잠시 고민하면서 마음이 흔들리긴 했지만 이내 마음을 다잡고 떨리는 손으로 5레바 지폐를 꺼내 들었다.

그녀를 향해 내미는 순간 옆에서 쑥 들어오는 팔 하나! 털이 수북한 그 손에서 반짝이는 동전 하나가 가이드의 손으로 전해졌다. 아... 큼지막하게 '1'이 적힌 동전이었다. 아, 조금만 더 일찍 내지... 이제 와서 다시 지폐를 넣고 동전을 꺼내기에는 내 손이 너무 멀리 가버렸다. "땡큐~" 그녀가 싱긋 웃으며 내 돈을 받아가는 모습이 나에게는 슬로우모션으로 전해졌다. 한 명의 용자 덕분에 뒤늦게 내는 다른 사람들은 너도나도 웃으며 동전으로 응수했고 프리워킹투어는 끝이 났다.

끝날 때까지
끝난 게 아니다

투어때 미처 못본 알렉산더 네브스키 성당 내부를 좀 더 자세히 돌아보고 나왔더니, 성당 앞에서 많은 사람들이 행사용 무대를 설치하고 고 있는 중이었다.
"저녁에 여기서 무슨 공연 하는갑다. 우리도 이거 보자."
"힐... 그때까시 여기서 기다리자꼬?"
"아니, 들어가가 밥 묵고 저녁에 다시 오마 되지."
"일단 점심부터 무러 갑시다. 벌써 1시네."
식당을 찾아 걷고 또 걷는다. 약 20분을 걸어 다시 뽀빠광장 앞으로 왔다! 매번 실패에 실패를 거듭하는 식사시간... 맛집 블로거의 정보를 믿지 않는 편이지만 여기서는 현지에서 유학하는 블로거를 통해 알게 된 '나 뽀빠'라는 식당을 찾아갔다. 불가리아 전통음식 중 하나이며 무조건 먹어보라던 음식, '싸츠'를 하나 시키고 엄마가 드실 요리 주가하고 혹시나 양이 모자랄까 싶어 샐러드에 맥주도 한 잔 추가했다. 전부해서 27.7레바. 우리 돈으로 약 2만원이다. 우리나라에 비해서 저렴한 편이지만 불가리아 물가가 싸다고 칭찬이 자자했던 것

현지인 위주의 식당 분위기 　　　　　　양과 질을 모두 만족시켜준다.

치고는 그다지 실감이 나지 않았다.

그러나 막상 음식이 나왔을 때, 거의 3~4인분 정도의 양에 놀랐고, 맛을 보고 또 한번 놀랐다. 여행 첫날 터키 이스탄불에서 비싼 돈 주고 뒤통수 맞으며 먹었던 모듬 케밥 이후 처음으로 음식을 남겼다. 다만 모듬 케밥은 먹기 힘들 만큼 짜서 남긴 것이고, 여기서는 정말 맛있었지만 양이 너무 많아 배가 불러서 남겼다는 차이가 있다. 성당에 이어 불가리아에 대한 엄마의 만족도가 또 한 가지 추가되었다.

등 따시고 배 부르면 잠이 온다고 우리도 숙소에 복귀해 잠시 쉬기로 했다. 그러고 보니 거의 16시간을 버스타고 와서 몇 시간째 계속 돌아다니고 있었으니 피곤이 몰려올 법도 했다. 엄마는 잠시 눈을 붙이시고 나도 그동안 찍었던 사진을 백업하며 침대에 몸을 기대었다.

"드르르 크극 컥!!"

누구의 것인지 모를 코고는 소리에 화들짝 놀라 잠이 깼다.

아뿔싸!! 나도 모르게 잠이 들었나... 시계를 보니 7시 반...

공연보러 빨리 가야 되는데... 그 순간 내 발목을 잡은 것은 공짜식사. 호스텔에서 7시부터 무료식사를 제공하는데 이걸 놓치기가 아까웠던 것이다. 잠시 고민하다가 공연 조금 늦게 보는 셈 치고 서둘러 호스텔 본점으로 달려갔다. 접시에 배급받은 스파게티를 포크로 살짝 감아 후루룩 흡입했다. 우물우물 씹을수록 스스로를 반성하게 만드는 맛이었다. 아, 내가 왜 여기로 왔을까. 공짜 스파게티에 실망을 하고 곧상 공연장으로 달려갔다. 어째 사람들의 움직임이 많다 싶더니 우리가 도착했을 때 이미 무대 위는 깨끗이 비워진 상태였다. 엄마는 좋은 구경거리를 놓쳤다는 사실에 발을 동동 굴리며 안타까워하셨다.

"7시 좀 넘었구만 뭐 벌써 끝나노. 인자 딱 시작하기 좋은 시간이구만."

"그놈의 스파게티만 아니었어도... 할 수 없지 뭐... 다니다 보면 더 좋은기회 또 안 오겠나..."

어느새 어두워진 소피아의 밤길을 터벅터벅 걸으며 숙소를 향해 다시 발길을 돌렸다. 그때였다.

"궁광광광~ 두구두구두구둥~ 자가자가장~"

멀리서 들려오는 흥겨운 음악소리가 고막을 두드리기 시작했고, 우리는 자연스럽게 소리에 이끌려 발걸음을 돌렸다. 다가갈수록 점점

공연이 끝난 후에... 석양 아래의 소피아 여신상

커지는 음악소리의 정체는 어느 밴드의 야외공연 현장이었다. 밴드의 이름은 Глас Народен. 읽을 수도 없는 이름인 만큼 아무런 정보도 없었지만 신나는 분위기에 은근슬쩍 끼어들었다. 비주얼이나 사운드만 보면 펑크락 계통의 시끄럽고 과격한 공연 같은데 의외로 가족단위 관객들이 많았다. 또한 대여섯 살로 보이는 아이들이 무대 주변으로 막 뛰어다니며 놀아도 아무도 신경 쓰지 않는다. 심지어 부모조차도... 모두가 각자 흥에 겨워 공연을 즐기고 있었다. 시간이 흘러 점점 분위기가 고조되고, 한쪽에서는 혈기 넘치는 청춘들이 상의를 벗어젖히고 맥주잔을 든 채 서로 몸을 부딪치며 광란의 댄스를 추고 있었

다. 엄마는 그 모습을 보시더니 무섭다며 팔을 잡고 그만 돌아가자고 하신다. 나 역시 어리바리해 보이는 동양인에게 괜히 시비를 걸지는 않을까 싶어 조금 무서웠기에 눈을 깔고 곧장 숙소로 돌아왔다.

* 아, 안타까운 점은 '나 뽀빠'가 얼마 전에 리모델링 되면서 메뉴가 싹~ 바뀌었다고 한다. 싸츠 메뉴도 없어졌다는 슬픈 소식이...

죽기 전에 꼭 가보라던
릴라수도원

여행 후반으로 접어들수록 몸도 마음도 지치고 의욕도 사라지는 게 느껴진다. 가장 대표적인 증거는 사진이다. 초반에는 그래도 뭔가 눈에 보이는 걸 하나라도 더 담으려고 카메라를 들이댔는데, 여행 후반에 찍은 사진을 보면 참으로 대충대충…여행왔으니 의무감으로 남기는 인증사진들이 대부분이다. 천상 소파에 누워 TV를 통해 세계여행을 다녀야 하는 뼛속까지 프로게으르머인가 보다. 하지만 홀몸이 아닌지라 어디든 돌아다녀야 한다.

그래서 이번에는 불가리아의 가장 유명한 문화유산, 릴라수도원(Rila Monastery)을 찾아가 보기로 했다. 소피아의 다양한 투어가이드 중에서도 가장 메인 급으로 소개되며 '죽기 전에 꼭 가봐야 할' 문화유산이라고 한다. 일단 '죽기 전에 꼭 가봐야 할'이라는 멘트는 참 많은 사람들을 현혹시키는 듯하지만… 저 타이틀을 달고 있는 곳이 한두 개가 아니므로 어차피 죽기 전에 전부 가볼 생각이 아니라면 누가 정했는지도 모를 타이틀에 너무 얽매이지 말자.

호스텔 자체에서 진행하는 릴라수도원 투어가 있지만 가격이 비싼 데다 어차피 한국어 지원이 되는 것도 아니니 그냥 우리끼리 다녀오기로 했다. 직원에게 물어보니 숙소 바로 앞에서 5번 트램을 타고 9정거장을 가면 유명한 마트가 나오는데 그곳 정류장에서 릴라수도원으로 가는 버스를 탈 수 있다고 한다.

호스텔을 나서자 마자 길 건너편에 5번 트램이 등장했다. 로마에선 로마법! 다들 무단횡단을 하는 분위기라 우리도 허둥지둥 길을 가로질러 트램에 올라탔다. 운전기사님께 바로 돈을 지불하고 티켓 2장을 구매했다. 그것으로 끝이 아니라 실내에 비치된 펀칭기로 티켓을 찍어줘야 한다. 불시검문 시 그것이 찍혀 있지 않으면 낭패를 당한다고 해서 티켓을 사자마자 제일 먼저 펀칭부터 한 후 옆에 있던 아줌마 승객에게 살포시 물어봤다.

"이거 123마트 가는 거 맞죠?"

인터넷 검색도 해보고, 직원에게도 물어보고 했으니 확신을 하고는 있었지만 괜스레 한번 더 확인해보고자 던진 질문이었다.

그런데 아줌마 표정이 심상찮다. 엄지손가락을 척! 치켜들더니 후방을 가리키며 나지막이 읊조린다.

"반대방향일세..."

왜 그랬을까? 양방향 길에서 1g의 의심도 없이 너무나도 당연하게 한쪽 방향을 선택하다니, 초행길이면서 왜 이쪽 방향이라고 확신한 걸까... 엄마의 등짝스매싱과 함께 허겁지겁 내려서 반대방향 트램으로

갈아탔다. 펀칭이라도 안 했으면 그 티켓 그대로 타도 되는데 눈물을 머금고 티켓을 다시 사야 했다.

9정거장 가서 내리라고 했는데 한 정거장을 반대로 왔으니 앞으로 10정거장 후에 내려야 한다. 트램은 지하철처럼 사람이 내릴 때만 서는 것이 아니라 버스처럼 신호등을 다 지키기 때문에 정류장인지 아닌지 정신을 바짝 차리고 세어야 했다.

하나 지나고. 둘 지나고.. 셋 지나고... 넷 지나고.... 다섯 지나고.....
다섯 지나고..... 여섯 지나고...... 일곱 지... 어라? 여섯이던가?
아... 내 머릿속에 들어있는 뇌는 장식이구나...
다급함을 느낀 나는 다시 한번 옆의 승객에게 물어봤다.
"저기요... 123마트 아시죠?"
짧은 순간, 정적이 흘렀고 나를 바라보는 아줌마의 미간이 가운데 쪽으로 모여지고 있었다.

'모이지 마!!! 불안하단 말이야!! 그냥 안다고 말해요!!!'

마음속으로 몇 번이고 외쳤으나 아줌마는 기대를 저버렸다.

"What?"

"123마트!! 123마켓!!"

"(손가락을 하나 둘 셋 펼쳐 보이며) 원 투 쓰리..."

아줌마는 이해할 수 없다는 표정으로 주위를 쳐다보았고 주위사람들의 관심도 모두 나에게로 쏟아졌다.

'이게 뭐야!! 유명한 마트라서 트램 타고 가다가 아무나 붙잡고 물어봐도 다 알려줄 거라더니!! 이게 뭐냐고!!!'

모두들 고개를 흔드는 가운데 세련된 가죽재킷을 입은 아줌마 한 분이 나에게 물었다.

"그래서 너 어디 가는데?"

"릴라수도원이요~."

"흐음..."

아줌마는 의아한 눈빛으로 나를 쳐다보더니 조심스럽게 말했다.

"혹시... 345마트?"

"345?"

아... 이런... 345마트였는데... 난 왜 123마트로 기억했던 것일까... 그것보다 처음 탔던 트램에서 123이라고 물어봤는데 알아들은 아줌마는 뭔가...

아줌마들의 도움 끝에 345마트 앞에 무사히 도착, 마트 뒤쪽에 있는 매표소에서 릴라수도원으로 가는 버스 티켓을 구매하고 약 3시간 만에 목적지에 도착했다.

사슴 뿔이 걸려 있는 수도원 입구를 통과하니 불가리아의 종교적 중심지 및 교육의 중심지 역할을 해왔던 릴라수도원이 그 장엄한 모습을 드러냈다.

본 건물에는 아직 들어가지도 않았는데 엄마는 어제와 같은 반응을 보이시며 연신 감탄사를 내지르셨다.

"세상에... 아이고, 잘 왔네... 잘 왔어... 이거 하나 본 것만으로 불가리아 오기를 잘 한 거 같다. 참말로 잘 왔데이..."

릴라수도원은 1983년에 유네스코 세계문화유산에 지정된 불가리아 정교회의 본산이다. 릴라산맥의 협곡에 요새처럼 건설되어 있으며 수많은 침략과 재난을 당하면서 이어져온 불가리아의 상징적 존재이다. 해발 1,147m의 높이에 한때 300여 명의 수도승이 이곳에서 생활을 했으나 현재는 10명 안팎의 수도승만 머물고 있다고 한다. 가운데 성모승천교회를 중심으로 외곽을 둘러싼 건물은 약 360여 개의 방으로 이루어져 있는데 수도승들의 개인숙소였으며 현재는 일부 개조해서 관광객들이 숙박을 할 수도 있다고 한다.

수도원 입구

요한 릴스키(Ivan Rilsky)라는 사람이 약 1000년 전 처음 이 수도원을 만들었고 그 이후로 그는 수많은 제자를 길러내며 현재까지도 불가리아의 정신적 지주로 추앙받고 있다. 그에게는 치유능력이 있었다고 하는데... 물론 믿거나 말거나지만 나는 말것이다.

모난 돌이 정을 맞는 것처럼 릴스키는 946년 그가 사망한 후에도 치유능력이 있다고 소문난 그의 육체를 탐하는 자들로 인해 사후에 이곳저곳을 떠돌다가 1469년에야 겨우 이곳으로 돌아왔다고 한다.

수도원이 깊은 산 속에 있어 공기도 좋고 경치도 좋아 시간만 넉넉하면 산에도 좀 오르고 계곡으로 물 구경도 좀 다니고 할 텐데 소피아로 돌아가는 막차가 3시라고 하니 아쉬운 대로 겉만 대충 훑고 소피아로 돌아왔다.

"자... 인자 다 봤으면 가자."

"어디를요?"

"이스탄불 가야지."

"불가리아 중부지역에서 하는 장미축제 보고 싶은데..."

"시끄러운 남에 잔치 뭐 볼 것 있다고..."

엄마는 웅장한 자연경관이나 멋드러진 건물, 유적 같이 정적인 것을 좋아하신다. 패키지를 다니면서 옵션장사에 많이 당했기 때문인지 몰라도 축제나 공연 같은 것은 관광객들을 위해 인위적으로 만들어 낸 볼거리에 돈만 쓰러가는 식이라고 생각하시는 편이다.

릴라수도원(↑)
수도원의 숨 막히는 뒷태(↓)

1. 프레리요 탑 2. 독특한 아치형 무늬

화려한 프레스코화

장미로 유명한 불가리아에서도 가장 유명한 장미 생산지인 카잔럭(Kazanlak)지방에서는 매년 5월이면 장미축제가 열리는데 엄마에게는 축제보다 돌아가는 비행기에 늦지 않도록 여유 있게 다니는 것이 더 중요해 보였다. 계속해서 여행을 하다 보니 이젠 이런 일로 실랑이하는 것도 지친다. 더 스트레스 받기가 싫어 숙소에 짐을 맡겨 놓고 소피아 버스터미널로 가서 돌아가는 버스표를 예매했다. 이스탄불에서 여기로 올 때 8시 반 버스를 탔었는데 너무 일찍 도착하는 바람에 터미널에서 새벽을 보냈으니 이번에는 밤11시 버스를 예매했다. 야간버스를 탈 때마다 물어봤지만 그럼에도 불구하고 탈 때마다 엄마가 걱정되는 것은 사실이다.
"심야버스 안 힘드나?"
"니는 길쭉해가 불편할지 몰라도 엄마는 아무 상관없다. 돈 아끼고 시간 벌고 좋지 뭐."
그러고 보면 이번 여행을 하면서 우리 모자는 참 많이 걸었다.
가난하게 살지는 않았지만 수십 년을 근검절약하며 격동의 대한민국 주부로 살아오신 엄마. 볼일 보러 버스타고 나갔다가 허겁지겁 일을 마치고 돌아오는 버스에서 "삑! 환승입니다~" 할 때의 그 짜릿함... 비록 얼마 안 하는 적은 금액이지만 그걸 아꼈을 때 오는 이런저런 소소한 즐거움... 엄마는 그런 것들을 무척이나 좋아하신다.
마트에서 운 좋게 몇 천원 싸게 산 걸 시험 100점 받은 어린아이처럼 자랑스럽게 말씀하시고 가격표 잘못 보고 몇 천원 손해라도 보는 날엔 가슴을 치며 자책하고 원통해하신다. 그러다 보니 나 역시 어릴 때부터 자연스럽게 근검절약을 익혔고 아끼는 게 당연한 것이라 생각하며 살아왔다. 다만 누군가는 분명 나이 많은 모친을 힘들게 만드는 궁상이라며 손가락질을 할 수도 있으리라... 어릴 때는 분명 근검절약이었는데 스무 살이 되고 서른 살이 되니 어느덧 근검절약하는 습관이 찌질이 궁상으로 변해버린 것 같아 조금 슬프긴 하다.

떠나기 전에 저녁도 먹어야 했고 기념품도 좀 알아보기 위해서 다시 시내로 돌아갔다. 불가리아 하면 장미! 장미와 관련된 향수 및 화장품이 그렇게 좋다고들 하길래 비토샤 거리에 있는 유명한 화장품 매장으로 갔다. 제품은 많았지만 대부분 용기 부피나 무게, 가격 때문에 쉽게 손이 가지 않았다. 그런데 딱 한 제품... 명함 크기 정도의 납작한 샘플향수가 0.99레바, 약 750원 정도에 판매되고 있었다. 가격도 저렴하고 부피도 작아 부담 없이 줄 선물용으로 딱! 이었다. 엄마에게 이야기했더니 엄마도 가격을 보시곤 무척 마음에 들어하셨다.
"불가리아 돈 한국 들고 가봤자 소용도 없는데 이거 다 사가자!"
"엄마! 그렇게 아니라 우리 일단 저녁부터 먹읍시다. 아직 식당도 안 정했고 뭘 먹을지도 안 정했는데 이거 사고 남는 돈으로 뭐 먹는 것보다, 일단 밥부터 먹고 남는 돈으로 이거 다 사면 되잖아요!"

"맞네... 그럼, 그래 하자... 엄마도 배고프다."

자, 그럼 저녁은 뭐 먹을까...

비토샤 거리의 불타는 금요일 밤은 무척이나 혼잡했는데 엄마는 바로 옆에 있는 야외 레스토랑을 가리키셨다.

"가까운데 여기서 그냥 무까?"

나는 노점에 저렇게 펼쳐진 레스토랑들은 이상하게 접근하기가 꺼려진다. 그런데 사람들까지 많았다.

"사람 너무 많아요."

단칼에 거절하고 계속해서 두리번두리번... 어제 갔던 곳에 다시 가기엔 너무 멀고... 어디로 가지? 결정적인 순간 또다시 결정장애 증세를 보이며 어영부영하고 있는데 그 모습이 답답했던지 엄마는 처음 이야기 꺼내셨던 식당에 가서 자리를 잡고 앉아버리셨다.

"아, 여기는 사람 너무 많다니까!!!"

"빨리 달라 카면 되지 뭐 그냥 무라!"

그동안 우물쭈물했던 내가 답답했던 것일까, 웬일로 세게 나오시는 엄마... 메뉴판을 들고 뭘 고를까 고민하다가 지난번처럼 양이 엄청 많으면 다 먹지도 못하고 음식 만드는데 시간만 더 걸릴 것 같아서 그냥 스테이크와 샐러드만 선택해서 주문을 넣었다.

10분이 흐르고... 20분이 흘렀다. 엄마의 안색이 차츰 어두워져갔다.

"우리꺼는 와이래 안 나오노?"

"내가 머라 캤어요. 손님이 이래 많은데 일찍 나올리가 있나!"

"빨리 좀 갖다 달라꼬 캐봐라."

"뭔 말이 통해야 하지요."

사실 불가리아 사람들이 영어를 못한다고 해도 서비스업종에 있는 사람들은 기본적으로 가능할 것이다. 설사 못한다 하더라도 천천히 시계 두들겨가며 바디랭귀지와 함께 빨리 좀 달라고 설명은 할 수 있었을 것이다. 하지만 숨 돌릴 틈도 없이 바쁘게 돌아다니는 직원을 붙잡고 그렇게 시간 끌며 이야기하는 것도 민폐일 듯해서 마냥 기다렸다. 물론 그 이면에는 "음식이 늦게 나와 우리가 늦은 이유는 엄마가 내 말을 안 들었기 때문이다..."라는 것을 증명함으로써 책임을 회피하고자 하는 철부지같은 생각도 없지는 않았다.

엄마는 계속 주위를 두리번거리시다 갑자기 지나가는 종업원을 붙잡으셨다. 막상 잡긴 잡으셨는데... 말은 못하고 그저 손가락으로 테이블만 가리키면서 표정으로 말을 하셨다. 한맺힌 듯한 눈빛으로,

"으으응... 우리꺼... 으응... 빨리..."

어이없기도 하고 한편으론 안쓰럽기도 하고... 헛웃음만 나왔다.

"자들도 주문받은 순서대로 만들긴데 엄마가 백날 그란다꼬 뭐 우리꺼 먼저 갖다 준답디까?"

팔짱을 끼고 의자에 기대앉아 비꼬듯 퉁명스럽게 한소리 했는데 우연인지 엄마 덕인지, 그로부터 정확히 1분 후 우리 음식이 나왔다.

3-4cm는 돼보일 법한 두툼한 스테이크가 나왔는데, 씹을 때마다 배어나와 혓바닥을 휘감는 육즙과 녹아들 것 같은 부드러운 육질은 기다리며 달아올랐던 열

두꺼운 스테이크도 호로록~

을 한순간에 가라앉히는 수준이었다. 만족스러운 식사를 마치고 남은 불가리아 화폐를 탈탈 긁어 모았다. 역까지 타고 갈 교통비 2레바만 남겨놓고 조금 전 들렀던 화장품 매장으로 향했다. 그런데…
밥 먹고 온 사이, 어느새 영업이 끝나고 쇼윈도 안에는 어둠만이…
"아이고 마 아까 그냥 살걸…"
"……"
"아… 아까 그게 마 선물용으로 딱이었는데…"
"……"
"아이고 참말로…"
한동안 그 자리에서 매장 안만 쳐다보시는 걸 보니 정말 무진장 아쉬우셨나 보다. 나름 합리적인 생각이라고 자부하며 식사를 먼저 종용했던 게 이렇게 발목을 잡을 줄이야. 내가 하는 일이 다 그렇지 뭐…
아쉬움을 남긴 채 여행의 종지부를 찍기 위해 우리 모자는 새벽안개를 헤치며 달릴 이스탄불행 버스에 올랐다.

Istanbul
이 스 탄 불

여행도 끝나가고 체력도 끝나가고 | 새로운 조력자 | 프린세스 아일랜드 | 끝날 때까지 끝난 게 아니다 2 | 이스탄불의 잠 못 이루는 밤

여행도 끝나가고
체력도 끝나가고

이스탄불 오토갈에 내려 지하철과 트램을 번갈아 타면서 제일 먼저 숙소부터 찾아갔다. 내일 스케줄을 고려해 돌마바흐체 궁전과 가까운 곳에 잡은 숙소에 도착해서 짐을 풀고 잠시 침대에 눕자, 야간버스를 타며 쌓인 피로와 함께 귀차니즘이 밀려왔다.
큰일이나... 이 컨디션으로 남은 4일을 알차게 보낼 수 있을지...
일단 아침 겸 점심을 해결하기 위해 엄마를 모시고 밖으로 나섰다. 근처가 시장이라 만만해 보이는 케밥집을 하나 골라 자리를 잡았다.
케밥을 한 입 베어물며 엄마에게 물었다.
"엄마, 뭐 보고 싶은 거 없어요?"

세 번째로 만나는 이스탄불

"없다. 엄마가 뭐 아나. 그냥 니 가면 따라 댕기는 기지…"
내일 돌마바흐체 궁전에 가는 것만 생각하고 오늘은 무엇을 할지 전혀 생각을 안 해놓았다. 일단 밖으로 나가보기로 하고 길을 나섰다.
5월 말, 한층 더워진 날씨에 목적지도 없이 그저 바닷가를 어슬렁어슬렁 거닐다 보니 땀도 나고, 다리도 아프고… 멘탈이 흔들흔들 위험 수위에 도달했을 때 문득 작은 박물관 간판이 시야에 들어왔다.
"더운데 저기 박물관이나 구경해볼래요?"
"그라든지…"
그동안 '박물관은 내 취향이 아니야!'라며 수많은 나라, 수많은 도시의 유명 박물관을 그냥 지나쳤었는데 지금 이 순간, 덥고 지치다 보니 유명하지도 않은 일반 박물관에 돈까지 내고 들어오게 될 줄이야… 인간의 마음은 이리도 간사한 것이다. 게다가 그리 멀지 않은 곳에 꽤 유명한 Deniz 해군 박물관이 있었는데… 공부 없는 여행, 그리고 목적 없는 여행의 대가는 늘 이렇다.
축축해진 옷과 몸 사이로 비집고 들어오는 에어컨 바람을 느끼며 정신을 차리고 나서야 우리를 둘러싼 수많은 박물관의 보물들이 눈에 들어왔다. 우리가 들어간 '궁전 컬렉션 박물관'은 장난감, 옷, 가구, 생활집기 등 19세기 오스만 왕

박물관이 시원하다!

족의 일상생활을 들여다볼 수 있는 박물관이다. 마음 같아서는 계속 있고 싶었지만 입구쪽을 제외하곤 앉을 곳이 없어 점점 다리가 아파온다. 언제까지 한곳에 퍼질러 앉아 있을 수도 없고 해서 무거운 엉덩이를 끌고 박물관을 빠져나왔다.

계속 더웠다면 모를까 시원한 곳에 있다가 나오니 들어갈 때보다 더 휴식을 갈망하게 된다. 결국 날씨를 이겨내지 못하고 숙소로 돌아가서 잠깐 휴식을 갖기로 했다. 그러고 보니 여행 초반 3일 이후로는 정말 비 한방울 오지 않는 환상적인 날씨가 계속되었는데 어이없는 삽질들만 아니었으면 참 축복받은 여행이 되었을 거라 생각이 든다.

6시가 조금 넘어 태양의 열기가 어느 정도 식은 것을 보고 숙소를 나왔다. 딱 좋을 때라 생각하면서 트램에 몸을 싣고 갈라타 다리로 향했는데 막상 도착해 보니 예상보다 해가 떨어지는 시간이 빨랐다. 멀리 이스탄불 전경을 볼 수 있는 갈라타 타워가 눈에 들어왔지만 일몰을 보러 가기에 너무 늦은 듯하여 다음을 기약했다.

갈라타 다리 위에서는 많은 사람들이 낚시를 하고 있었다. 출퇴근길에 낚시를 하다가 가는 경우도 있을 만큼 이곳에선 익숙한 생활의 일부이며 잡은 물고기는 다리 주변의 식당가에 팔기도 한다.

길 건너편으로 가면 "새로운 모스크"라는 뜻의 예니 자미가 나온다. 말이 새롭지 실제 나이는 350살이 넘는다. 350살이 넘은 이 자미가 새로운 자미라면 다른 건물들이 얼마나 오래된 것인지 알 수 있다.

1. 저 멀리 갈라타 타워가 보인다.   2. 다리를 가득 메운 강태공들   3. 쉴 새 없이 고등어케밥을 주고받는다.
4. 바로 짜서 바로 마시는 신선한 오렌지주스   5. 따끈따끈 짭짜름한 옥수수

1. 관광객들로 항상 번잡한 예니 자미
2. 이슬람을 믿는 그들에게 기독교나 불교신자가 적선을 했을 때 그들은 누구에게 기도를 할 것인가?

자미 앞은 수많은 관광객들이 분주하게 움직이고 있었는데 그 가운데서 구걸을 하는 어린아이와 할머니가 눈에 들어왔다.

사실 이스탄불 시내에서는 이런 불편한 모습을 자주 마주치게 된다. 수도인 앙카라보다 더 수도같은 도시이니 만큼 사람도 많고 이면에는 어두운 모습도 많이 보인다. 작은 도시보다 길거리도 지저분하고 노숙자, 부랑자들도 아주 많다. 특히나 길거리를 배회하며 구걸하는 아이들의 저런 모습을 쳐다보려면 가슴이 아프다. 프랑스에 갔을 때는 파리가, 이탈리아에 갔을 때는 로마가 이와 비슷한 이유로 싫었다. 사람이 좋긴 하지만 그렇다고 또 너무 많은 것은 싫다.

예니 자미를 나오니 완전히 밤이 되었고 밤이 된 김에 블루모스크까지 걸어가서 여행 첫날 케밥 덕분에 포기했던 야경을 즐기다가 10시가 넘어서야 숙소로 돌아왔다.

새로운 조력자

다음 목적지는 돌마바흐체 궁전(Dolmabahce Saray)이다.
'돌마'는 '채우다'란 뜻이고 '바흐체'는 '정원'을 뜻한다. 옛날에는 이 지역이 포구였는데 17세기 초 술탄 아흐멧1세가 이곳을 개척해 궁전을 세웠다고 한다. 처음에 나무로 지었다가 1814년 홀라당 태워 먹는 바람에 1856년에 재건했는데 당시 터키의 경제는 개판 5분전이었다. 그럼에도 불구하고 베르사유 궁전을 따라한답시고 돈을 펑펑 써가며 서양식으로 화려하게 짓다가 많은 욕을 먹었다고 한다.
이 궁전은 훗날 대통령이 된 아타튀르크가 머물던 곳으로도 유명한데, 아타튀르크가 1938년에 이 궁전에서 사망할 때의 시간이 아침 9시 5분이었다. 터키의 아버지라 불리며 워낙 전국민적 지지를 받던 인물인지라 그를 기리기 위해 돌마바흐체 궁전 내에 있는 모든 시계 바늘을 9시 5분에 맞춰 놓았다고 한다.

돌마바흐체 궁전 입구

돌마바흐체 궁전은 워낙 관람객이 많아 그냥 갔다가는 한 시간은 기본으로 기다린다고 한다. 그래서 가까운 곳에 숙소를 잡고 오픈하기 10분 전에 미리 도착했는데 그런 내 정성을 비웃기라도 하듯 매표소 앞은 이미 사람들로 바글바글했다. 9시 50분쯤 되어서야 겨우 매표소 입구를 통과했는데 그게 끝이 아니었다. 안쪽 궁전에도 사람들이 줄을 서 있었고, 사람들이 계속 밀려도 바로 입장을 시켜주지 않았다. 규정 때문에 개인으로 오든 단체로 오든 가이드가 없이는 들여보내 주지 않았다. 열 받는 것은... 단체와 개인이 따로 줄을 섰는데 개인들이 한참 먼저 왔는데도 불구하고 계속해서 단체를 먼저 입장시키

1. 내부는 촬영금지라 바깥풍경만... 2. 바다로 바로 연결되는 문들
3. 소풍 오듯 이곳을 찾는 사람들도 있다. 4. 궁전 옆에 서식하는 정체모를 조류들

는 것이다. 가이드가 있다고 해서 한 번에 다 들어가는 것이 아니라 관람객이 일정수를 채워야 들어갈 수 있기 때문이었다.

멍하니 서서 기다리다가 30분이나 지나서야 가이드를 배정받고 입장할 수 있었다. 물론 가이드는 영어가이드였기 때문에 가이드북의 정보에 의지해 다니는 우리에겐 크게 도움이 되지도 않는다. 가이드가 사람들을 데리고 다니기 때문에 마음대로 이동도 못해... 뭐라고 말하는지 제대로 알아먹지도 못해... 게다가 궁전 내부에서는 일체의 사진촬영이 금지라 내 의지와는 상관없이 이리저리 막 끌려 다니기만 하는 것 같았다. 촬영이 완전히 금지도 아니고 따로 돈을 내고 촬영권을 사면 촬영이 가능하다고 한다. 카메라 플래시의 빛으로 인한 유적의 훼손을 고려한 금지라면 이해를 하겠는데 이건 그냥 장삿속으로만 비춰졌다.

그리고 다음 건물도 줄... 화장실도 줄... 더운 날 줄서서 기다려야 하는 짜증이 새 문물을 접하는 기쁨을 잠식해버렸다. 4만원의 입장료도 입장료지만 돈을 떠나 그 과정이 몹시도 마음에 들지 않았던 돌마바흐체. 보는 둥 마는 둥 적당히 관람을 마치고 출구로 나왔다. 출구 주차장 쪽으로 걸어갔을 때 우리 모자 앞에 누군가가 나타났다. 엄마 몰래 준비한 또 한번의 현지인 찬스.

여행 초반부터 틈틈이 연락을 주고받으며 도움을 청했던 친구 에스라(Esra). 이곳에 사는 친구였기 때문에 여행이 막바지에 이르러 우리가 이스탄불로 되돌아온 지금에서야 만나게 되었다. 엄마는 인심 좋게 생긴 듬직한 터키 처자의 등장에 어리둥절해 하셨으나 지난번처럼 겁을 먹지는 않으셨다. 그리고 누란을 만났을 때보다 좀 더 마음을 놓으실 수 있었는데, 그 이유는 에스라가 간단한 한국말이 가능했기 때문이었다! 유창하지는 않지만 영어를 아예 못하는 엄마 입장에서는 그 정도만으로도 충분히 숨통이 트이셨을 것이다.

서로 간에 조금은 어색한 인사를 마치고 에스라의 차에 올라탔다. 근데 차번호가 3030. 모델은 현대 i30이며 30살이 된 기념으로 산 차라고 하니 묘한 우연이다. 어떻게 현대차를 살 생각을 했냐고 물어보니

에스라의 단골 음식점   정갈한 음식

자기가 다니는 회사가 현대계열사라고 한다. 한국에서는 자국민 소비자를 고려하지 않는다는 원성을 들으며 논란을 낳고 있긴 하지만 그래도 해외에서는 잘 먹히는가 보다. 하긴 목돈이 드는 선택을 함에 있어서 직원할인을 무시할 수는 없으니 이해는 간다.

숙소로 돌아가 체크아웃을 하고, 짐을 챙겨 점심을 먹으러 이동했다. 먹고 싶은 게 있냐고 물어보는데 어지간한 것은 다 먹어본 것 같고 해서 그냥 터키 현지식으로 먹고 싶다고 했더니 해안가의 한 식당으로 안내해준다. 평소 싱겁게 먹는 편인데, 케밥을 비롯한 대부분의 터키 음식이 전반적으로 짠 편이라 크게 기대는 하지 않았으나 여기는 간도 적당한 편이라 맛있게 먹을 수 있었고 디저트로 나온 음식도 나름 훌륭했다. 조금 비싸 보인다고 했더니 자기 회사에 손님이 오거나 할 때 가끔 와서 대접하는 곳이라고 했다. 어쩐지...

식사를 마치고 계산을 하려는데 이미 에스라가 모두 끝마친 상태. 말릴 틈도 없이 접대 당해버렸다. 인심 좋은 표정으로 첫 식사를 대접하고 싶었다니 고마운 마음으로 소화를 시켜야지...

식사를 마치고 복잡한 유럽지구를 벗어나 바다를 건너 아시아지구로 가기 위해 에미뇨뉴 선착장으로 이동했다. 차를 탄 채 배에 올랐다.

계획했던 것 이외에 따로 보고 싶은 것은 없냐는 질문에도 마땅히 대답할 것이 없어서 알아서 좀 유명한 거 있으면 구경시켜 달라고 했다. 자기 나라 여행을 오면서 무엇을 볼지도, 무엇이 보고 싶은지도 제대로 정하지 않고 왔냐는 생각을 하지는 않을까... 아무곳이나 가자고 말을 하는 스스로의 한심함에 얼굴이 화끈거려왔다.

에스라는 우리를 바다 건너 위스퀴다르(Uskudar) 지구로 안내했다. 복잡한 곳을 피해 온 줄 알았는데 일요일이라서 그런지 번잡하긴 마찬가지였다. 주차공간이 마땅치 않아서 유료주차장에 차를 주차했는

유럽 대륙과 아시아 대륙을 가로지르는 보스포러스 대교

데 에스라가 주차요금 한푼 두푼 내는 것까지 다 신경이 쓰였다.
처음 이동한 미마르 시난 시장에서부터 미흐리마흐 술탄 자미 등 생소한 유적들을 에스라 덕분에 편하게 이동하면서 구경할 수 있었다. 하지만 몸이 편한 만큼 마음은 마냥 편하지만은 않았다. 에스라는 덩치가 좀 있는 편이었는데 더운 날에 땀을 뻘뻘 흘려가며 우리를 위해

옛날에는 목욕탕, 현재는 시장   목욕탕에서 시장이 되는 변천사가 담겨 있다.

가이드 해주는 것을 보니 같이 걸어다녀야 할 에스라가 신경이 쓰여 평소에 우리가 걸어다니듯 마음대로 다닐 수가 없었다.

그래서 다음엔 시원한 실내로 이동하기 위해 보스포러스 다리 아래에 위치한 베일레르베이 궁전으로 이동했다. 이번에도 에스라가 계산하려는 걸 겨우 만류하며 우리가 계산했다.

이곳 역시 돌마바흐체 궁전처럼 개인 관람이 불가능해서 한참 기다렸다가 다른 사람들과 함께 들어가야 했다. 가이드는 영어와 터키어 두 가지가 있는데 터키어 가이드는 약 10분 후 시작하지만 영어 가이드는 40분을 더 기다려야 한다고 했다. 어차피 둘 다 제대로 못 알아듣는 건 마찬가지니 터키어 가이드를 선택했다. 그나마 에스라가 중간중간 쉬운 영어와 한국어를 섞어서 설명을 해주어 조금은 고개를 끄덕일 수 있었다.

입구에서 대기하는 동안 이 궁전의 대표작으로 유명한 샹들리에를 찍었다. 입구를 통제하던 직원이 곧장 검지를 까딱거리며 "No Photo!!" 한다. 여기도 돌마바흐체 궁전처럼 사진촬영이 금지이며 별

베일레르베이 궁전

궁전 로비에 있는 화려한 샹들리에

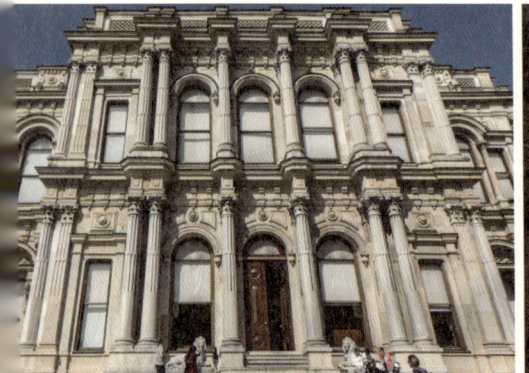

도로 촬영권을 사야 한다고... 에잇! 안 해!! 안 한다고!!

터키의 궁전들은 눈과 마음에 담는 것으로 만족하고 궁전 뒤쪽에 있는 야외카페에서 맥주 한잔하면서 잠시 쉬기로 했다.

"숙소는 잡았어?"

"아니, 아직 예약은 안 했는데 생각해둔 곳은 있어."

"어딘데?"

"응... 파묵칼레에서 만난 한국인 부부가 추천해준 곳 있어."

"고양이만 참을 수 있다면 우리집에서 묵어도 괜찮은데..."

터키사람들이 손님접대를 좋아하는 만큼 에스라 역시 우리만 괜찮다면 자기 집에서 묵으라고 했다. 나는 두 손 들고 환영할 일이지만...

"엄마... 고양이 있는 집은 별로지?"

"고양이는 갑자기 왜?"

"에스라가 자기 집에 묵으..."

"시끄럽다 치아라 마!!"

"봤지? 우리 엄마 단호박이야."

파묵칼레의 호텔에서 묵을 때 세계일주 중인 젊은 한국인 부부를 만났었다. 자기들은 이스탄불에서 유럽 쪽에 묵지 않고 아시아 쪽에 묵었다고 했다. 배를 타고 건너다니는 게 조금 불편하긴 하지만 과일 등 물가도 더 싸고 숙소에 음식도 잘 나와서 좋았다고 추천을 해주었는데 엄마는 과일 싸다는 이야기에 혹하셨는지 아니면 그냥 귀가 얇으신 것인지 내 의견과는 상관없이 무조건 그곳으로 가자고 하셨다.
에스라의 차를 타고 그 숙소를 찾아가 체크인을 하고 짐정리를 좀 한 후에 동네구경이나 하러 가자고 했더니 엄마는 피곤하다며 그냥 숙소에서 쉬겠다고 하신다. 차를 타고 다녀서 많이 돌아다니지는 않은 것 같은데 더운데 줄서고 기다리느라 더 지치신 것 같다.
에스라와 밖으로 나가 그녀가 안내해주는 곳으로 돌아다녔다. 에스라 친구가 운영하는 카페에서 잠시 커피 한잔하며 시간을 보내다가 해가 지는 시간에 맞춰 일몰을 구경하러 바닷가로 이동했다.
이스탄불에는 수많은 일몰 감상 포인트가 있는데, 그 중 유명한 한 곳을 안내해준다고 해서 차를 타고 이동했다. 좋은 곳이라더니 주차하기도 힘들 만큼 차량도 사람도 많았다. 조금 떨어진 곳에 주차를 해놓고 이동해야 했다.
바다위에 삐죽하게 탑이 하나 세워져 있었다. 크즈 쿨레시(Kiz Kulesi), 다른 말로는 처녀의 탑이라고 한다. 오전에 돌마바흐체 궁전에서 바다를 바라볼 때 바다위에 등대인지 탑인지 섬인지 모를 뭔가가 있었는데 그 정체가 이 녀석이었다. 이곳에도 전설이 있긴 한데...
술탄이 어느 예언자에게서 딸이 18세가 되는 해에 뱀에 물려 죽을 거라는 말을 듣고 딸을 이곳에 격리시켰는데, 18세 생일날 예언을 극복했답시고 딸에게 보낸 과일바구니 안에 독사가 숨어 있었다는... 너

1. 사진은 엣지 있게!(니킥 아님) 2. 파도 따위에 휩쓸리지 않는 사진사
크즈 쿨레시, 다른 말로는 처녀의 탑(↓)

무나도 진부하고 뻔하며 감동도 없는 흔한 전설이다. 전설에는 감동이 없었지만 온 세상을 붉게 물들이는 일몰의 비주얼은 무척이나 감동적이었다. 주변 사람들 모두 붉은 빛에 취해 오롯이 구경만 하거나, 사진을 찍거나, 연인들은 키스를 하며 각자의 행복한 시간을 즐겼다.

뾰족뾰족 솟아있는 첨탑들 너머로 해가 사라지고 이스탄불에 밤이 찾아왔다. 숙소로 돌아가 엄마를 모시고 나와 근처에서 저녁을 해결했다. 에스라는 내일 출근 때문에 다시 연락하기로 하고 돌아갔다.

"이스탄불에 또 뭐 볼게 있나?"

"뭐 대표적이라면 톱카프 궁전..."

"또 궁전이가..."

"왜요? 엄마 궁전 좋아하잖아요."

"어제처럼 또 계속 줄 서다가 끌리댕기는 거 아이가?"

"뭐 터키궁전 다 그런 것 같은데... 이번엔 휴양지로 가볼랍니까?"

"좋은데 있나?"

"배타고 한 시간 반쯤 나가야 돼요."

"함 가보지 뭐."

실수였다. 그냥 톱카프를 갔어야 했어...

프린세스
아일랜드

이스탄불 남쪽 마르마라 해에는 9개의 섬으로 이루어진 프린세스 제도가 있다. 공주의 Princess 가 아니라 왕자들의 Princes. 오스만시절 권력에서 밀려난 왕자들의 유배지였다고 한다. 제일 큰 4개의 섬 중에서도 가장 큰 부육(Buyuk) 섬이 오늘의 목적지다. 선착장에는 월요일인 데도 많은 사람들이 모여 있었다. 한 시간 반쯤 배를 타고 이동하면 크날르 섬, 부르가즈 섬, 헤이벨리 섬을 지나 오늘의 목적지 부육 섬에 도착한다.

웨딩 촬영하는 새신랑 새신부.
결혼식 전 촬영을 마치는 우리나라와 달리
터키에서는 결혼식 후 웨딩촬영을 한다.

4개의 섬 중 이곳이 가장 유명하기 때문에 배에 탄 승객들도 대부분 이 섬에 내렸다. 섬 입구는 무지 혼잡했으며 수많은 마차들이 관광객을 태우기 위해 분주했다.

이곳은 차가 없는 섬이다. 교통수단은 말과 자전거 그리고 두 발을 이용해야 한다. 마차가격은 3~4만원씩 한다는데 개개인의 흥정력에 따라 달라지기도 한다. 엄마가 원하시면 좀 비싸더라도 타야지... 흥정에는 약하지만 엄마의 의사를 존중하기로 하고 여쭈어봤다.

"엄마, 우리도 마차타고 한 바퀴 돌까?"

"말라꼬... 경치도 좋은데 설렁설렁 걸어가마 되지."

"한참 걸어야 될 건데 힘들잖아."

"자들이라고 안 힘들겠나. 사람 태우고 댕길라마 자들도 똑같지."

역시... 동물농장 애청자다운 동물사랑을 보여주시는 엄마. 정작 지나다니는 말들의 허벅지에서 터질 듯 꿈틀대는 핏줄들을 보

면 우리 모자가 올라탄들 별로 힘들 것 같지는 않아 보인다.
또 다른 운송수단인 자전거라도 빌리면 좋겠지만 안타깝게도 엄마가 자전거 무면허이신지라 그냥 둘이서 손잡고 오붓하게 말똥냄새 진동하는 거리를 걸었다.
싱그러운 5월의 풍광을 맞으며 여름 같은 봄기운을 즐기는 것도 잠시, 길을 따라 걷기 보단 그림자를 찾아 걸어야 했다. 너무 천천히 이동해서인지 비슷한 풍경만 계속 되었고 30분 가량 지났을 때는 조금씩 후회되기 시작했다. 그렇다고 다시 되돌아갈 수도 없는 노릇.
한 시간 반쯤 걸었더니 시원해 보이는 송림이 나타났다. 난 덥고 지치는데 엄마는 또 신이 나서 폰 들고 여기저기 돌아다니신다. 여행 대비하신다고 여행 전 4월 내내 이 산 저 산으로 쑥과 고사리 사냥을 다니시더니 나보다 체력 더 좋아지신 듯...

멀리 온 것 같지만 바다 건너 이스탄불 시가지가 훤히 보인다.

잠시 지도를 보며 현재 위치를 파악해 보니 섬 전체를 한 바퀴로 봤을 때 이제 겨우 1/4을 돌았다는 걸 깨달았다.
현재시간 1시 50분, 돌아가는 배는 3시, 다음 배는 5시 30분.
지금까지 둘러본 결과 여기서 더 이상 특별한 것은 없어 보인다. 그렇다면 5시 30분까지 이곳에 있는 것은 시간낭비가 아닐까… 하는 생각에 서둘러 돌아가야겠다고 결심하고 엄마를 불렀다. 올 때는 이것저것 구경 다 하면서 정말 천천히 걸어왔으니 조금만 서둘러 걸으면 배를 탈 수 있을 거라 생각했다.
섬의 하단 쪽은 포기하고 곧장 방향을 틀어 섬의 센터를 통과해 다시 선착장을 향해 부지런히 걸었다. 그러나…

빠르게 걷는다고 걸었지만 선착장에 도착했을 때는 이미 시계바늘이 3시를 한참이나 지나 이도 저도 아닌 어정쩡한 상황이 되어 버렸다. 섬도 제대로 못 보고 운동만 실컷 한 셈...

마음이 허탈해지고 위장은 허기가 졌다. 근처 식당에서 식사를 하며 한참이나 시간을 때운 후 5시 반 배를 타고 부육 섬을 떠났다. 도착하면 7시...

일몰 감상에 아슬아슬한 시간이다. 카바타스 선착장에 내려서 곧장 갈라타 타워에 올라가면 아슬아슬하게 볼 수 있을 것 같기도 한데 배는 왜 이리 굼뜨기만 한 것인지...

배에서 내리자마자 허겁지겁 갈라타 타워를 향해 달려갔다. 정말 1분 1초가 아쉬워 열심히

1. 이동하는 내내 갈매기들이 따라붙어 놀아준다.
2. 갈매기가 뜸할 때는 가끔 사람들이...
3. 저 멀리 갈라타 타워가 보이는데...

달렸지만 타워에 도착하는 순간 다리에 힘이 풀렸다. 탑 꼭대기도 아니고 지상에서부터 사람들이 줄을 서서 입장대기를 하고 있었던 것이다.

탑 아래에서 눈물을 삼키며 멍하니 해가 죽어가는 것을 바라보다가 20분 만에야 입장할 수 있었다. 그래도 위에 올라가서 보면 아직 살아있지 않을까 혹시나 하는 마음을 가지고 엘리베이터를 탔지만 문이 열리며 우리를 반기는 것은 우중충한 이스탄불의 전경뿐이었다.

이왕 이렇게 된 거 야경이라도 봤으면 싶었지만 에스라와의 저녁 약속도 있고 해서 허탈한 마음으로 탑을 내려왔다.

섬 구경을 가지 말고 톱카프 궁전이나 갈 걸…

다들 가는 부육 섬 대신 가까운 첫 번째 섬이나 볼 걸…

그냥 마차를 탈 걸…

이런저런 후회만 한가득, 쓰라린 마음으로 다시 바다를 건너야 했다.

퇴근하고 바로 달려온 에스라와 함께 식사를 하고 나니 시간이 11시를 넘어간다. 오늘도 엄마는 먼저 주무시고 우리는 근처 펍에서 그녀의 친구와 셋이서 간단하게 맥주를 한잔했다.

한국에 관심이 많은 두 사람이지만 그들의 관심사는 의외로 K-POP이 아니라 바둑이었기 때문에 이세돌, 이창호 등 한국의 프로 기사들에 관해 이야기를 한다. 터키인끼리 한국이야기 하는데 한국인이 끼어들지 못하는 아이러니한 상황이...

"넌 오늘 어땠어?"

"배 놓치는 바람에 일몰도 못보고 이래저래 망쳤지 뭐..."

"걱정마. 내일은 내가 꼭 일몰 보여줄게. 마치고 연락할게."

일몰 처음 보는 것도 아니고 굳이 나 때문에 시간 뺏길 필요는 없는데 괜히 미안해진다.

끝날 때까지
끝난 게 아니다 2

터키에서의 마지막 날…

내일은 비행기를 타고 다시 일상으로 돌아가야 한다.

마지막 코스이자 그동안 미뤄왔던 아야소피아를 보기 위해 아시아 지구에서 유럽지구로 향하는 배를 탔다. 며칠 동안 아시아 대륙과 유럽 대륙을 몇 번이나 왔다갔다 하는 건지… 선착장에 내려서 아야소피아를 향해 천천히 걸어가다 보니 한 건물 앞에서 사람들이 길게 줄을 서 있었다. 아야소피아에서 멀지 않은 곳에 위치한 예레바탄 지하 저수조를 관람하기 위한 줄이다. 아야소피아는 지금 가나 늦게 가나 똑같이 사람들이 많을 것이니, 상대적으로 그나마 사람이 적어보이는 이곳을 먼저 보는 게 나을 것 같았다. 물론 여기까지 걸어오느라 지쳐서 당장 시원한 곳이 필요했던 이유도 있다.

바실리카 지하저수조 또는 예레바탄 사라이. 터키어로 지하궁전을 뜻하는 이곳은, 터키라는 나라에 관해 사람들의 관심이 별로 높지 않던 시절에 방영된 TV 프로그램 〈꽃보다 누나〉 덕분에 요즘은 모르는 사람이 없을 만큼 유명해졌다.

1. 건너 다닐 때마다 만나는 거대유람선. 어지간한 아파트 단지만큼 크다.
2. 메르하바~ Merhaba~ 안녕하세요! 3. 오전 오후 가리지 않고 번잡한 교통
4. 알록달록 예쁜 숙소의 반지하 테라스

머나먼 옛날, 이스탄불은 군사전략적으로는 좋은 위치에 있었지만 물은 늘 부족했기 때문에 해결책으로 이런 대규모 저수조를 건설하게 되었다. 약 8만 톤의 물을 저장할 수 있으며 336개의 코린트양식 돌기둥이 바실리카 건물 같다고 해서 바실리카 저수조로 불린다.

예레바탄 사라이, 바실리카 지하 저수조
1. 물방울무늬 기둥 2. 기둥을 받치고 있는 메두사 두상

지금은 물고기들이 여유롭게 헤엄치고 있지만 이곳이 처음 발견될 당시만 해도 온갖 쓰레기에 시체들이 가득했었는데 수차례의 복원을 거쳐 현재의 모습을 갖게 되었다고 한다.

엄마는 TV에서 보던 모습들이 눈앞에서 펼쳐지자 눈을 반짝이며 여기저기 활보하고 다니셨다.

"이거 봤나, 저기 저거 봤나, 여기 봐라 저기 가봐라..."

"말 안 해도 어련히 알아서 잘 본다구요!"

20여 일...여행이 끝나가는 이 시점에도 여전히 변하지 않는 엄마의 오지랖은 오늘도 나를 향했다. 저수조 내부는 서늘한 기운이 가득했고, 천장 곳곳에서는 물방울이 뚝뚝 떨어졌다. 이러한 지하 유적은 습도, 온도 등 관리가 더 까다로워야 할텐데 입출구 쪽에는 카페도 들어서 있었다. 냉장고, 커피머신 등 각종 장비들에서 나오는 열기로 인해 유적에 좋지 않은 영향을 미칠 게 분명한데 이런 곳에 허가가 났다는 사실이 놀라울 뿐이다. 이런 식으로 유적을 관리하는 걸 보면 돌마바흐체 궁전에서 촬영을 못하게 하는 것도 유적 보존의 목적보다는 그저 돈을 더 받아내기 위한 꼼수가 아닐까 싶다.

시원했던 저수조를 나와 앞쪽에 보이는 아야소피아로 향했다.

12시쯤이었는데 줄은 아직도 길게 늘어서 있었고 조용히 엄마와 순서를 기다렸다. 멀지 않은 곳에 한 한국인 모녀가 있었는데 딸이 엄마에게 각종 종교와 역사에 얽힌 이야기를 늘어놓고 있었다.

비잔틴미술의 최고 걸작 아야소피아.
아야소피아 앞에는 언제나 입장을 기다리는 사람으로 가득하다.

"아이고 저 함 봐라... 딸래미가 엄마 여행시켜주면서 저래 가이드까지 다 해주고 있네..."

후훗... 내 이럴줄 알았지. 그렇지 않아도 그저께 돌마바흐체 궁전에서 너무 멍청하게 눈만 껌벅거리다가 온 것 같아서 이번에는 엄마에게 좀 다른 모습을 보여드리고자 나름대로 준비를 해왔다. 가방속의 태블릿을 꺼내들고 손가락을 휘휘 저어가며 미리 준비해 온 아야소피아에 관한 자료를 보며 엄마에게 설명을 해드렸다.

"이게 옛날에는 블라블라, 그래서 지금은 어쩌고저쩌고..."

"아이고 됐다 마... 엄마는 늙어서 들어봤자 금방 까묵는다. 손에 들고 있는 그거나 잊어묵지 말고 잘 챙기라."

"성의를 무시하다니... 그리고 우리 형제들은 내거 안 훔쳐간다!"

일상처럼 티격태격하는 동안 줄은 줄어들었고 매표소 앞에 섰다. 1인 25리라. 전날 검색을 통해 가격까지 알아놨기 때문에 아무 의심 없이 50리라를 건넸는데 직원은 표를 주지 않고 10리라를 더 내라고 했다.

'뭔 소리야... 설마 여기도 촬영비를 따로 받는 건가?'

상황이 이해가 안 돼서 어벙하게 서 있는데, 매표소 그녀가 가리키는 안내판을 보니 '성인 1명 30리라' 라고 써 있다.

최근 포스팅된 블로그에서 알아본 건데 어느새 가격이 올라 있었다. 지갑에서 주섬주섬 10리라를 꺼내 주고 티켓 구매를 마쳤다.

뭔가 싸~ 한 느낌을 뒤로하고 제일 먼저 들른 곳은... 꽃보다 누나에

1. 엄지손가락을 끼운 상태로 손을 360도 회전시키는데 성공하면 소원이 이루어진다는 구멍
2. 무슨 부귀영화를 누리려고 이렇게 줄까지 서가며...

서 이미연 씨와 함께 많은 분량을 차지했던 '흐느끼는 기둥'이었다. 기둥에 난 저 구멍에 엄지손가락을 끼우고 손바닥을 돌리면 소원이 이뤄진다나 뭐라나... 또는 아야소피아로 다시 돌아오게 된다나 뭐라나... 아니면 뭐 병이 낫는다나 뭐라나... 누차 밝히지만 난 기본적으로 소원시리즈는 믿지 않는다. 게다가 터키를 다시 오게 되더라도 굳이 봤던 곳을 또 보러 오지는 않을 것이다. 그런데 엄마는 당신의 종교와 다른 종교라 하더라도 이런 소원 아이템은 가리지 않고 좋아하신다. 믿고 안 믿고를 떠나 본인 기분이 좋아진다면 백번을 하든 천번을 하든 상관없는데 문제는 저렇게 길게 줄까지 서가며 해야 하는 것인지... 입구에서도 한참 기다렸기 때문에 또 줄을 서기가 싫었다.

"눈으로 봤으면 됐지 말라꼬 굳이 저걸 돌릴라카노..."

"저거 돌리마 소원 이뤄진다 안 카나!"

"저거 돌린다고 소원 이뤄지면 온 세상에 뭐 백만장자 아닌 사람이 어데 있겠는교? 내가 로또1등 소원 빌면서 돌렸는데 안 되면 엄마가 그 돈 줄래요?"

"시끄럽다. 그라마 니는 니 알아서 구경해라."

"진짜? 그럼 내 그냥 간데이?"

"가던가말던가. 엄마는 이거 할 거다."

"여기 뭐 크지도 않으니까 혼자 보실 수 있죠? 나는 나대로 엄마는 엄마대로 콜?"

"맘대로 해라."

여행 막바지가 되니 엄마도 이제 혼자 있는 게 겁나지 않으신가 보다. 1시까지 서로 못 만나면 이곳에서 다시 보기로 하고 개별관람 시작! 아야소피아는 그리스 정교회로 태어나... 십자군 전쟁 때문에 가톨릭성당으로 바뀌고 이후 다시 정교회로 바뀌었으나... 오스만제국에 점령당하면서 이슬람사원으로 리모델링 후 터키가 공화국으로 바뀐 1932년에 박물관 용도로 최종변경되었다.

우상숭배를 금지하던 이슬람 율법에 따라 기독교와 관련된 벽화 작품들을 회벽으로 뒤덮어버리는 등 많은 유적들이 손상되었다.

아야소피아 내에서 유명한 장소 중 하나로 꼽히는 데이시스 모자이크 (↑)
현존하는 모자이크 가운데 가장 오래 되었다고 하는, 아기를 안고 있는 성모마리아 (↓)

이슬람의 성지인 사우디아라비아 메카를 향해 지어진 미흐라브 (↓)

1932년부터 덮여있던 회반죽을 벗겨내고 모자이크를 복원하는 작업이 시작되었고 아직도 진행중이라고 한다.

문제는 벗겨내야 하는 그 껍데기조차 이제는 500여 년의 역사를 가진 유적이라는 것. 터키가 이슬람 국가인 만큼 어느 쪽 유적을 더 중시할지는 뻔하지만 양념 반 후라이드 반처럼 지금 이대로 나눠놓는 것도 뭐 썩 나쁠 것 같지는 않아 보인다.

이리저리 돌아다니며 구경을 하다가 문득 허전한 느낌이 들었다. 갑자기 태블릿의 생사가 궁금해져서 팔을 뒤로 돌려 가방 안에 있을 태블릿을 꺼냈다. 아니... 꺼내려고 했다.

뒤적뒤적... 잡히지 않았다. 가방을 완전히 내려놓고 다시 뒤적뒤적... 없었다... 태블릿은 내 가방 안에 없었다.

작게 두근거리던 심장박동수가 점점 빨라졌다. 애써 심장을 진정시키며 릴랙스... '그래... 엄마한테 있겠지... 뭘 하다 그랬는지는 모르겠지만 내가 엄마한테 잠깐 맡겼겠지...' 긍정적으로 생각하며 엄마를 찾아 나섰다. 잠시 후 엄마를 만나자 마자 태블릿의 행방을 물었다.

"내 태블릿 엄마가 갖고 있어요?"

"태블릿이 머고?"

"아까 내가 설명해주던 거... 빨간색 컴퓨터... 요만한 거..."

"니가 우쨌노? 엄마는 계속 빈손이었는데?"

다시 한번 정신이 멍해진다.

이런 분실물 사건이 터지면 돈은 의미가 없다. 다시 사면 그만이기 때문에... 하지만 저장된 사진은 어찌 할 수가 없다. 외장하드를 챙겨오긴 했지만 케이블 문제로 백업이 힘들어 여행 중반 이후부터는 사진을 태블릿에만 저장해왔기 때문에 적어도 최근 1주일의 사진이 날아간 셈이다. 망했다...

"아이고 마 내가 참말로 니 때문에 못산다... 잘 생각해봐라. 어데서 이자뿟는지..."

야단치는 엄마보다 내가 몇 배는 더 당황스러웠지만 그렇지 않아도 쪼글쪼글해진 미간의 주름살을 더욱 찌푸려가며 속상해하는 엄마를 보니 차마 티를 낼 수가 없었다.

"걱정마. 어딘가에 있겠지... 형제들은 절대 훔쳐가지 않았을 거야."

어쨌든 줄을 서면서 엄마한테 설명해준다고 손에 들고 있었던 건 확실하니까 마음을 가라앉히고 그 이후의 내 행적을 다시 한번 죽 더듬어봤다. 아!!! 확실하지는 않지만 가장 가능성 있는 가설이 세워졌다. 티켓을 구매할 때 탭을 왼손에 들고 오른손으로 50리라를 줬었는데 예상치 못한 추가요금 10리라 때문에 탭을 잠시 매표소 난간에 두고 지갑을 열었으리라! 돈을 꺼내 계산을 하면서 그대로 놔두고 왔을 거라는 게 가장 가능성이 높아 보였다.

들어왔던 입구로 다시 나가려고 하는 나를 직원이 이쪽으로 다니면 안 된다고 가로막아 섰지만 티켓을 보여주며 급박한 표정과 설명으로 허락을 받아냈다. 매표소로 돌아와 대략 상황설명을 하고 놓여 있었을 법한 위치까지 콕 찍어주며 잃어버린 물건을 이야기했다.

"저기...나 물건 잃어버렸어. 태블릿 컴퓨터... 여기서 잃어버린 것 같은데 혹시 못봤어?"

"컴퓨터?"

"요만한 태블릿 PC."

"특징은?"

"빨간색!! 빨간색 케이스."

나를 한번 스윽 훑어보더니 매표소 안의 사람들끼리 뭐라뭐라 이야기를 주고받는다.

나와라 나와라 나와라... 창문 너머로 그들을 바라보며 우주의 기운을 모아 간절하게 염원하고 있을 때 한 남자가 책상 서랍을 열고 뭔가를 꺼내들었다. 빨간색이었다.

만세!!! 역시 형제들은 기대를 저버리지 않았다. 직원들에게 엄지 척! 감사인사를 전해주고 속이 타들어가고 있을 엄마에게 서둘러 달려갔다.

찾았다 요놈!

"찾았나?"

"내가 뭐랬어. 형제들은 내 물건 손 안 댄다니까."

"정신 좀 차리라. 내가 마 니 때문에 못 살겠다 쫌!!"
엄마의 등짝스매싱을 연거푸 맞으면서도 입꼬리가 귀 끝에 걸려 미소가 사라질 생각을 않는다.
미처 못 본 관람을 마저 하고...
"엄마는 다 봤나?"
"어, 다 봤다. 니도 다 봤나?"
"2층도 다 봤고?"
"2층에는 갤러리 뿐이던데?"
"갤러리 맞은편에 데이시스 모자이크 벽화 안 봤어요? 그게 제일 중요한 건데?"
"몰라. 그건 못 봤는데..."
한 시간 동안 뭘 하신 건가요...
2층 구조를 설명해드리고 2층으로 가는 길을 안내해드렸다.
난 뭘 하지? 볼건 다 봤는데...
할 것도 없고 시간도 남는데...
소원이나 빌지 뭐 ㅋㅋㅋㅋㅋ

어머니 죄송합니다.

그래도 나는 신념을 지키기 위해 손을 돌리지는 않았다! 줄 서 있다가 내 차례가 왔을 때 사진만 찍고 잽싸게 빠져줬을 뿐...
아... 그런데... 가만 생각해보니 불효를 저지른 것 같다.

이스탄불

난 할 일 없다고 이렇게 사진을 찍었지만 엄마는 손가락 넣고 돌리느라 사진도 못찍으셨을텐데... 어른들은 유명한 장소에서는 인증샷을 꼭 남겨야 자랑도 좀 하고 하실텐데...뒤늦게 좀 죄책감이 몰려든다.

내일 떠나야 하는데...
여행자들의 또 다른 고민... 지인들에게 줄 선물들... 평소 내 의지는 '배낭여행자는 그딴거 안 해도 된다!' 였지만 엄마는 또 다르실 수 있으니 구경이나 해보자 싶어 이스탄불 두 번째 시장 이집션바자르로 향했다. 원래 물건 종류가 가장 많다는 그랜드바자르에 가려고 했시만 봤던 기 왜 또 보냐는 엄마의 반대 때문에...
시장으로 가기 전에 우선 식사를 해결하기 위해 며칠 전에 봤던 에미뇨뉴 선착장 옆으로 가서 '고등어케밥'이라 불리는 발릭 에크메크(생선 빵)에 도전하기로 했다. 수많은 케밥집이 있지만 에민(Emin) 아저씨의 케밥집이 유명하다고 한다. 한국 가이드북에 소개되어서인지 아마도 이스탄불에서 고등어케밥을 사먹는 한국인의 70%는 에민 아저씨네 케밥을 먹지 않을까 싶을 만큼 한국 관광객들에게 유명한 곳이다. 다른 집과 달리 매콤한 양념을 사용해서 한국인의 입맛에 잘 맞게 만들어준다고 하는데... 뭐 딱히 다른 집들이 맛이 없다면 모르겠지만 다른 집도 사람들로 넘쳐나는 것을 보면 굳이 에민 아저씨를 찾지 않아도 될 것 같아서 우리는 대충 사람 많은 집으로 들어갔다.

쉴 새 없이 구워져 나오는 고등어들...   이스탄불의 명물 고등어케밥!

사람이 워낙 많아서 자리 선점이 어려웠지만 겨우 자리를 잡고 개당 6리라에 고등어케밥 2개를 구매했다. 생선비린내를 싫어해서 생선요리는 손대지 않는 편이지만 그래도 워낙 유명하다니까 한번 도전해보기로 했다. 엄마가 먼저 기미상궁이 되어 맛을 보셨다.
"아이고 신기하데이... 우째 비린내가 하나도 안 난다. 어여 무봐라. 맛있다."
나도 도전! 혹여 가시라도 있을까 야금야금 씹으며 바다의 맛을 음미했다. 까다로운 입맛이지만 먹을만 했다. 다만 강하지는 않았지만 알게 모르게 드문드문 올라오는 생선비린내 때문에 또 먹고 싶다는 생각은 들지 않았다. 내 코가 비린내에 특히 민감하게 반응하는 탓이지, 고등어케밥이 맛이 없단 소리는 아니니 방문하시는 분들은 한 번쯤 드셔보시길... 절대 혼자 죽기 싫어서 하는 소리는 아니다.

자리가 부족하다 보니 중장년의 남녀가 우리 자리로 와서 같이 앉아도 되냐고 눈짓을 한다. 흔쾌히 자리를 내어주고 서로 말없이 빵만 뜯다가 한 번씩 눈이 마주치면 씨익 웃어준다. 잠

고등어케밥 먹다가 만난 터키 모자

시 후 그가 조심스럽게 말을 걸어왔고, 언어와 국경을 뛰어넘은 사나이들의 진솔한 대화가 시작되었다.

"옆에 엄마?"

"ㅇㅇ"

"나도 ㅋㅋ"

"ㅋㅋ"

"한국?"

"ㅇㅇ"

"ㅋㅋ"

"ㅋㅋ"

"…"

"사진?"

"ㅇㅋ"

선착장에서 지하도를 건너면 예니 자미 옆에 이집션바자르가 있다. 이름에서 연상되는 것처럼 옛날 이집트 상인들로부터 걷은 관세로 지은 시장이다. 이스탄불에서 두 번째로 큰 시장이며, 그랜드바자르와 비교했을 때는 향신료를 비롯한 먹거리가 좀 더 유명하다고 한다. 우리는 선물용으로 로쿰을 좀 사야겠다고 생각하고 들어갔는데 그곳은 그야말로 전쟁터같았다. 그랜드바자르보다 규모는 작은데 사람은 훨씬 많아서 정신을 차릴 수가 없었다. 뭣보다 정신을 혼미하게 만드는 호객행위 때문에 제품 구매에 대한 분별력이 현저히 떨어져버렸다. 훤칠한 총각들이 한국말로 인사하며 시식을 시키려드는데 일단 먹으면 사야 할 것 같아서 눈도 제대로 못 마주치고 도망 다니다가 급기야 선물이고 뭐고 건물 밖으로 피신했다. 엄마는 바로 옆에 있는 예니 자미에서 쉬면서 기다리시기로 하고 나혼자 후딱 다녀오기

인산인해를 이루는 이집션바자르

물건값 깎기 힘든 녀석!

로 했다. 숨을 좀 돌리며 구경을 계속 하다가 마음에 드는 물건을 발견했다. 원래는 후추 같은 것을 분쇄하는 용도인데 커피원두를 분쇄하는 핸드밀과도 비슷해서 커피업에 종사하는 친한 지인 몇 명에게 선물하기로 하고 몇 곳을 돌아보니 개당 5리라 (2,500원) 정도로 팔고 있었다. 내가 구경하고 있을 때 한 백인 아저씨가 이 제품을 사려고 주인에게 디스카운트를 요구했는데 보기 좋게 거절당했다. 5개를 살 테니 조금 깎아달라고 했지만 또 거절당했다. 아저씨가 다른 가게로 이동하길래 나도 괜한 기대심리에 아저씨 뒤를 졸졸 따라가 봤다. 그는 여러 차례 거절당했고, 보다 못한 내가 아저씨를 멈춰 세웠다.

"난 3개가 필요한데 힘을 합치는 게 어때요?"

와이 낫! 아저씨는 흔쾌히 응했고, 다음 가게에서 새로운 딜을 했다.

"8개를 살테니 깎아주쇼!!"

하지만 결과는 또 거절... 아저씨는 포기하지 않고 또 다른 가게를 찾아갔지만 나는 포기가 빠른 남자! 그냥 개당 5리라에 구입했다.

애초 목적은 로쿰이었는데... 에라 모르겠다. 그냥 내일 면세점에서 사면 적어도 바가지는 안 쓰겠지...

이스탄불의
잠 못 이루는 밤

숙소로 돌아와 에스라의 연락을 기다리고 있는데 메시지가 왔다. 오는 중이긴 한데 퇴근시간이라 차가 너무 막힌다고 한다. 그깟 일몰이 뭐라고 괜히 부담을 주는 것 같아 일몰 안 봐도 상관없으니 너무 신경 쓰지 말라고 했지만, 에스라는 괜찮다면서 아직 시간 있다고… 반드시 보여주겠다고… 엄청난 의지를 불태웠다.

째깍 째깍 째깍…

해가 저물어갈수록 나는 마음을 편하게 비웠는데 뒤늦게 도착한 에스라는 포기하지 않았다.

"꼭 보지 않아도 돼. 무리하지 마."

"괜찮아. 아직 시간 있어!"

"아니 해도 다 졌구만…"

"포기하지 마!"

저렇게까지 애 쓰는데 너무 거절하는 것도 예의가 아닌 듯하여 에스라의 차에 올라탔는데, 우리를 기다리고 있는 것은 혼잡한 교통체증이었다. 결국 카디쿄이 선착장으로 차를 돌려서 해변에 엄마와 나를

해는 이미 산등성이 너머로...

내려주었다. 주차도 함부로 할 수 없는 곳이라 우리더러 먼저 가라고 하고 자기는 주차하고 오겠다면서 사라졌다.

에스라가 가라고 하는 바닷가 방파제 쪽으로 갔지만 해는 이미 구름 뒤로 저만치 넘어가고 있었다. 잠시 후 에스라가 땀을 뻘뻘 흘리며 나타났을 때는 해가 완전히 지고 난 후라서 더 이상 해변에 있을 이유가 없어졌다.

밥이나 먹으러 가자고 다시 차를 타고 이동하는데 이런... 주차장을 빠져나가면서 에스라가 주차비를 낸다. 숙소에서 이곳까지는 걸어도 10분이면 오는 가까운 거리인데... 뭔가 꼬여도 한참 꼬인 기분이다. 우린 우리 때문에 이래저래 고생하는 에스라를 보며 미안해했고 에스라는 에스라대로 자기 때문에 우리가 구경할 타이밍을 놓쳤다고 미안해했다. 계획은 어긋나버렸는데 서로가 미안한 상황...

식사를 하면서 오늘 있었던 일들을 이야기하던 중 로쿰 이야기가 나왔다. 이러이러해서 그냥 내일 면세점에서 사야겠다고 했더니 에스라는 고개를 가로저었다. 면세점 로쿰은 맛도 별로고 비싸다면서 아주 유명한 집을 소개해줄 테니 자기에게 맡기라고 한다.

내일 낮에 비행기를 타고 떠나야 하기 때문에 오늘처럼 일이 틀어지면 큰일인데 살짝 걱정이 된다.

식사를 끝내니 벌써 10시가 넘어버렸다.

내일 떠나려면 짐 정리도 다시 해야 하고... 하루 종일 돌아다녔더니 몸도 피곤하고... 터키에서의 마지막 날을 이렇게 마무리 짓는구나... 싶었는데... 갑작스런 에스라의 제안.

"야경 보러 안 갈래? 야경 사진 찍고 싶어 했잖아."

"엄마, 야경 보러 갈래요?"

"아고 마, 엄마는 쉴란다. 둘이 갔다 온나."

엄마는 이스탄불에 와서 부쩍 혼자 쉬는 시간이 많아졌다. 정말 피곤해서 그런 거라면 몰라도 엄마 성격상 뭐 하나라도 더 보려고 하실 텐데 어째서인지 자꾸 쉬려고만 하신다. 아니, 쉬려고 하시는 게 아니라 둘이서 놀게 피해주시는 건가? 어쨌든 나도 호기심보다는 피곤함이 좀 앞섰다.

"아니 뭐... 삼각대도 없고 해서 야경사진은 못 찍어..."

핑계를 대며 쉬려고 했는데,

"걱정 마! 그럴 것 같아서 내가 삼각대도 챙겨왔어!"

에스라의 눈은 강한 의지를 담아 반짝이고 있었다.

먼 나라에서 온 친구에게 가능하면 하나라도 더 보여주고, 추억을 만들어주고 싶어 하는 의지가 뿜어져 나오는 듯하여 차마 더이상 거절할 수가 없었다.

그렇게 차를 타고 이동한 곳은 이스탄불에서 가장 높은 곳, 참을르자 언덕(Camlıca Tepesi) 공원이었다. 시시각각 색상이 변하는 보스포러스 대교부터 아야소피아, 블루모스크 같은 유적지에 신도시의 모습까지 이스탄불의 화려한 야경이 눈을 사로잡았다.

하지만 멋진 야경을 보며 오길 잘했다는 생각도 잠시, 이내 다시 몰려오는 피로가 어깨를 짓눌렀다.

이쯤 봤으면 많이 봤다 싶어 숙소로 돌아갈 생각에 다시 차에 올랐는데 차는 숙소쪽으로 가지 않고 유럽지구로 넘어가 보스포러스 다리 아래로 이동했다. 밤 12시가 훨씬 넘은 시간이었는데 많은 청춘남녀들이 이곳에서 유흥을 즐기고 있었다. 그와는 별개로 내 눈꺼풀은 한밤의 바닷바람에 안구가 추울까봐 자꾸만 눈을 덮어주려고 했다.

시시각각 색이 변하는 보스포러스 대교의 야경

눈꺼풀의 무게를 더 이상 참지 못하고 너무 피곤해서 그러니 그만 돌아가자고 애원하듯 고백했다. 에스라는 내 생각 않고 너무 데리고 다닌 것 같아 미안해했고 나 역시 하루 종일 일하다 와서 피곤할 텐데도 우릴 신경써주는 에스라에게 더 미안해졌다.

하지만 피곤함은 미안함을 무력화시키며 돌아오는 차 안에서도 날 기절시켰다. 1시가 넘어서야 숙소에 도착했다. 에스라는 숙소로 돌아가려는 나를 멈춰 세우더니 엄마와 나에게 주는 선물이라면서 파란 스카프와 액세서리를 건네주었다.

"이게 뭐야... 우린 아무것도 준비 못했는데..."

"괜찮아. 그냥 내가 좋아서 주는 거야. 난 주변 사람들이 행복한 게 좋아."

정말 착해빠져 가지고... 따뜻하게 포옹하며 작별인사를 하고 숙소로 돌아왔다. 정리고 뭐고 할 정신도 없이 그대로 침대에 쓰러져 터키에서의 마지막 밤을 마무리했다.

아침 일찍 일어나 터키를 떠날 모든 준비를 마치고 에스라를 기다렸다. 그냥 우리끼리 지하철타고 가면 된다고 했지만 굳이 자기가 직접 태우러 온다고 한다. 워낙 신세지기 싫어하시는 것도 있고 혹시라도 비행기 시간에 늦을까봐 걱정하시는 엄마의 등쌀에 몇 번이나 괜찮다고 만류했지만 그럼에도 불구하고 에스라는 회사 반차까지 내 가면서 차를 몰고 나타났다. 대중교통을 이용하면 크게 막히지 않고 짧은 코스로 공항까지 갈 수 있는데 차를 타고 이동하다 보니 보스포러스 대교를 건너 한참

차가 밀리니 어째 불안불안한데...

을 돌아가야만 했다. 다리를 건너기도 전에 느려지기 시작하는 교통 상황에 백미러를 통해 뒤에 앉아 계신 엄마의 표정을 보니 별 말씀은 하지 않으시지만 어두운 것은 확실했다. 나 역시 불안하기는 마찬가지.

"차가 좀 막히네..."

"걱정 마. 시간 충분해."

"엄마는 불안한가 봐."

"우리회사 손님들 오면 내가 늘 배웅해서 이 길로 많이 다녔어. 걱정하지 마."

그 말 그대로 엄마에게 이야기해줬지만 엄마의 표정에 서려 있는 불안감은 쉽게 사라지지 않았다. 차는 공항으로 바로 가지 않고 도심 안쪽으로 이동하더니 처음 보는 곳에서 멈춰 섰다. 그곳은 이스탄불 신시가지의 중심인 탁심광장이었다.

우리가 여행할 당시에는 각종 반정부 시위가 벌어져서 위험하다는

소문이 많아 처음부터 갈 생각조차 하지 않았던 곳이었다. 그런데 평일 낮이라 그런지 위험과는 거리가 멀어 보였고 우리나라로 치면 명동거리쯤 되는 이스티클랄 거리를 따라 걸었다.

잠시 후 에스라가 우리를 안내한 곳은 어느 로쿰 가게. 이집션바자르에서 로쿰을 못 샀다는 말을 듣고 우리를 이곳으로 데리고 온 것이다. 로쿰은 '터키쉬 딜라이트'라고 불리는 젤리의 일종이다. 로쿰의 역사를 거슬러 올라가면 15세기경에 만들어졌다고는 하지만 현재의 로쿰과는 많이 달랐으며 오늘날 알려진 로쿰은 '알리 무힛딘 하즈 베키르(Ali Muhiddin Hacı Bekir)'라는 사람이 처음 고안해서 이스탄불에 1777년에 가게를 냈다고 하는데 그 유서깊은 가게가 바로 이곳이었다.

간판에는 since 1777 이라는 표시가 자랑스럽게 붙어 있었고 벽면에는 알 수 없는 글씨로 된 수많은 인증서들과 함께 크고 작은 다양한 종류의 로쿰이 전시되어 있었다. 뭘 사야 할지 몰라 그냥 제일 잘 나가는 것으로 고른 후 남은 현금을 다 털

1. Since 1777 2. 수많은 종류만큼 수많은 인증서들

어서 10박스를 샀다.

터키사람에게 터키제품을 선물하는 게 좀 아이러니 하지만 당장 줄 수 있는 게 없어 에스라에게 두 박스를 건넸다. 하나는 너 먹고 하나는 엄마 드리라고…

그런데 에스라도 뭔가를 쑥 내밀었다. 조금 전 옆에서 뭔가 계산하는 것을 보고 여기 온 김에 자기도 필요한 물품을 사나 싶었는데 그게 아니었다. 모과 비슷한 '퀸스'라는 열매로 만든 잼과 장미 잼이었다. 늘 뻔한 스토리지만 사양한답시고 주거니받거니 하다가 결국 성의를 못 이기고 가방에 담았다. 사실 유리병이라 무게가 많이 나가기 때문에 사양했었는데…

좀 천천히 둘러보고 시식도 해보고 제품 골랐으면 좋았을 텐데… 계속 옆에서 빨리 가자고 내 옷깃을 잡아당기는 엄마 덕에 곧장 차를 타고 공항으로 이동했다.

걱정 말라며 장담하던 에스라의 말대로 출국 두 시간 전쯤 딱 맞게 공항에 도착해서 느긋하게 티켓을 끊었다. 서로간의 아쉬움을 이야기하며 그동안 보여주었던 에스라의 친절과 정성에 다시 한번 감사하며 출국장으로 들어갔다. 서로가 보이지 않게 될

끝까지 에스코트 해준 에스라와 함께

때까지 에스라는 그 자리에 서서 손을 흔들어 주었다.

길다면 길고 짧다면 짧은 20일.
어쩐지 힘들게 시작한 것 같은 여행의 마지막은 의외로 조용하게 마무리되었다. 사흘 내내 편안하게 에스코트 해준 에스라 덕분이었는지는 모르겠지만 처음 여행 시작할 때의 들떴던 마음은 여행을 마무리하는 지금 후회도 미련도 없는 홀가분한 상태가 되었다. (물론 여행기를 쓰면서는 무척이나 많은 후회를 했지만)
비행기는 1시간 20분 연착으로 인해 예정보다 늦은 7시쯤 경유지인 카타르 공항에 도착했다. 카타르 공항에서는 환승이용자들 중에서 5시간 이상 대기해야 하는 사람들을 대상으로 버스를 타고 도하 시내를 관광할 수 있는 '도하 시티투어' 프로그램을 운영한다. 3시간 가량 진행되는데 중요한 것은 공짜라는 점!
우리도 티켓 상으로는 새벽 1시 15분 출발까지 7시간 40분을 대기해야 했다. 5월 초에 이곳을 다녀가셨던 형수님도 구경 잘 했다고 하시면서 우리도 꼭 신청하라고 당부하셨기 때문에 비행기에서 내리자마자 투어를 신청하기 위해 분주하게 움직였다. 도하 국제공항은 이전에도 몇 번 이용했었고 그렇게 크지 않기 때문에 형수님이 이야기해준 곳을 쉽게 찾을 수 있을 줄 알았는데 뭔가가 이상했다. 이유는 우리가 잠깐 터키를 다녀오는 사이 카타르항공의 거점이 도하 국제공항에서 바로 옆에 위치한 하마드 국제공항으로 옮겨진 것이었다. 더군다나 우리가 도착하기 바로 전날 첫 개장을 했다고 하니 헤맬 수밖에... 내 짧은 영어는 몇 번이나 같은 곳을 왔다갔다 하도록 만들었고 결국 이사람 저사람 물어보고 나서야 얻게 된 최종결론은 애초에 우리 비행기가 연착되는 바람에 신청시간을 놓쳐 오늘 프로그램은 마감했다고 한다. 안될 놈은 뭘 해도 안 되는가 보다...

그나마 새로 개장한 공항이라 볼거리도 많았고 쉴 곳도 넉넉해 크게 힘든 점 없이 1시까지 기다렸는데, 비행기는 또다시 연착되어 결국 2시 반이 되어서야 출발할 수 있었다. 마지막까지 애를 먹인다.

늦은 새벽시간 탓일까, 20일간의 여행으로 지친 탓일까...
돌아오는 비행기 안에서 엄마는 별 말이 없으셨다.

"다녀보니 어떻던데?"
"아들 덕에 구경 잘했지 뭐."
"내랑 또 댕기고 싶나?"
"다음에는 남미 가야지."

낯선 공항 풍경 　　　　　　　시티투어 놓친 듯 우울한 조형물

"누가 같이 가 준다나?"

"와?"

"하도 말을 안 들어가 싫다."

"먼 말을 안 들어. 뽈뽈거리며 잘만 따라댕겼구만."

"하이고... 머 좀 할라카면 싫다카고, 뭐 좀 할라카면 방해하고..."

"내가 언제 그캤노..."

"와... 대박... ××에서 이랬고 ○○에서 저랬고 주저리주저리..."

"오야, 알았다. 다음에는 진짜 말 잘들으께..."

"하이고~ 퍽이나? 내 한 번 속지 두 번 속나."

"진짜 안 간다꼬?"

"아이고 아부지요... 아부지가 하신 약속은 못 지켜드리겠심더..."

"싫으마 치아라. 엄마 혼자 갈란다."

돌아오는 내내 티격태격하며 말싸움을 했지만 창밖을 바라보는 우리 모자의 얼굴에는 흐뭇한 미소가 자리잡고 있었다.

epilogue

터키여행을 다녀온 후, 어느 겨울날...
우리 모자는 잔뜩 긴장한 채 방송국 대기실에서 대본을 되짚어보고 있었다. 밤새 뜬눈으로 지새우며 몇 번이나 할 이야기를 상기하며 연습하고 청심환까지 사 먹었지만 공중파 생방송의 위엄 앞에서는 쉽게 진정되지 않았다. 엄마 역시 첫 질문부터 말문이 막혀 얼음이 되었고, 여차저차 해서 정신을 차리고 보니 촬영은 끝나고 좋든 싫든 '엄마와 여행을 계속 해야 하는 착한 아들'로 낙인찍혀 버렸다.
이런! 또 내 의사와는 상관없이 주변 상황에 떠밀려서 여행을 가게 생겼구만!!

처음 엄마와의 여행을 생각했을 때의 목적지는 남미였는데 연습 삼아 터키를 먼저 다녀온 것은 탁월한 선택이었다. 물론 곧장 남미로 떠날수 있을 만큼 업그레이드된 건 아니지만 적어도 나의 문제점과 엄마의 문제점, 우리에게 필요한 부분이 어떤 것인지 깨닫게 된 것은 분명 큰 수확이며, 앞으로 있을 여행에 많은 도움이 될 것이다.
하지만... 깨달은 것까지는 좋은데 과연 바뀔까? ㅎㅎ

사람은 쉽게 변하지 않는다고 한다. 내가 50이 되든 60이 되든 엄마에게는 그저 철없는 막내아들일 뿐이듯, 앞으로 어떤 여행을 가더라도 엄마는 변함없이 나와 티격태격하며 지낼 것이다. 뭐 말 좀 안 듣고, 싸우고, 좀 힘들면 어떤가...
그저 건강하게 그 자리를 지켜주심에 감사하고 함께 다닐 수 있음에 감사할 뿐이다. 글을 마무리하며 다시 한번 전하고 싶다.

사랑합니다. 그리고 감사합니다.